한국교회 건축과
기독교 미술 탐사

한국교회 건축과 기독교 미술 탐사

2009년 9월 9일 | 초판 1쇄 발행

지은이 | 이정구

펴낸곳 | 도서출판 동연
펴낸이 | 김영호
기 획 | 김서정
편 집 | 조영균
디자인 | 김광택
관 리 | 이영주

등 록 | 제1-1383호.(1992.6.12)
주 소 | 121-826 서울시 마포구 망원동 472 – 11
전 화 | 02-335-2630
팩 스 | 02-335-2640
이메일 | ymedia@paran.com / www.y-media.co.kr

ISBN 978-89-85467-91-9 (03610)

한국교회 건축과 기독교 미술 탐사

이 정 구 지음

동연

국적 불명의 한국교회 건축 양태와 기독교 미술에 대한 신학적인 성찰을 위해 쓴 이 책은 3부로 구성되었다.

1부는 한국교회의 여러 건축물을 탐사하면서 느낀 바를 사진과 함께 담았다. 처음에는 지역, 교단, 교회의 건축 시기, 혹은 건축 양식별로 구분하여 계획에 따라 체계적으로 탐사하려고 하였는데, 여러 가지 사정으로 실행이 여의치 않았다. 여유 없는 시간에 목적을 두지 않고 여행하면서 발이 미치기 쉬운, 눈이 닿는 곳의 교회들을 잠시 둘러보면서 느낀 단상들이다. 교파나 교단, 건축물의 규모나 예술적, 역사적 가치 여부와 관계없이 교회를 방문하였다. 탐방의 대상도 교회 건물과 가구를 비롯하여 교회 내부 공간 배치, 성지 카파도키아 동굴 교회에 이르기까지 다양하다.

2부는 한국교회의 건축에 관한 신학적 비평 논문이다. 신학도와 목회자 혹은 교회를 건축 하고자는 건축가들께 작은 도움이 되었으면 하는 바람이다. 신자들은 이 책을 통해 자신이 다니는 교회 건축물과 신앙을 서로 연결 지어보며, 교회 건축물에 관해 다양한 신학적 이해를 더할 수 있을 것이다. 또 교회를 신축하려고 하는 교회는 신축하기 전에 왜 건축을 하려고 하는지, 누구를 위해 건축하려는 것인지, 어디에 어떤 모양세로 지으려고 하는지에 관해 한 번 더 숙고하여 좋은 건축을 할 수 있도록 작은 안내서가 되기를 바란다.

3부는 기독교 미술에 관한 논문이다. 미술을 어렵다고만 생각하는 일반 신자들에게 기독교 미술에 관한 기초 이해를 돕고, 이들이 기독교 미술품에 더 가까이 다가 갈 수 있기를 바란다.

결국 이 책은 각 주제마다 한국교회 현실의 문제들을 비평, 비판하는데 주안점을 두어 대안을 제시하는 면에서는 미흡하였음을 아쉽게 생각한다. 독자 제위의 좋은 대안을 기대한다.

마지막으로 이 책을 내는 데 있어 기획 단계부터 전 과정에 같이 참여하고 수고를 아끼지 않은 도서출판 동연의 김영호 대표와 편집자, 디자이너에게 고마운 인사를 드린다.

덧붙여 이 책은 수년간 교회 건축과 기독교 미술에 관해 강의를 해오면서 기독교 전자 신문인 에큐메니안에 연재했던 글과 한국신학연구소의 '신학사상' 등지에 실렸던 논문이 다수 포함되어 있음을 밝힌다.

2009년 가을을 보며 항동에서

이정구 신부

차 례

제1부 **교회 건축 탐사**

벽

벽은 소통을 막는 장애물이다. 단순히 공간을 분절하는 것만이 아니라 열린 공간에서도 경계선과 같은 것이다. 각기 다른 계층 사이의 벽, 감정의 벽, 남북의 벽, 통곡의 벽 등등⋯ 벽은 허물어야 할 장애물이기도 하지만 반면에 소통을 위해 벽을 세우거나 이용하기도 한다.

건축의 표피는 사람의 의상에 비유할 수 있지만 한 번 입으면 벗거나 바꿔 입기가 쉽지 않다. 1960년대, 국제주의 양식에서 벗어나 새로운 탈출구로서 포스트모더니즘 건축이 등장한다. 이 건축 기법은 건물 외벽이나 벽의 전통적 개념을 해체하고 커뮤니케이션 요소와 이미지 요소를 구분하면서 후자를 더 부각한 것이 특징이다. 건물에서 표상성을 강조하기 시작한 것이다.

건축 기술 발전과 재료 개발에 힘입어 새로운 양식의 독특한 건물들이 세상을 향해 말하기 시작한다. 또한 건물에서 앞면(박공, 파사드)은 세상과 소통하는 역할을 하며 건물의 기능이나 건물덩어리 자체와 관계없이 하나의 독립적인 요소로 작용하며 상업적 이미지로 장식되거나 독립된 하나의 작품으로 행세하게 되었다.

또한 세상과 소통을 위한 가장 적절한 첨단 소재로 강화 유리가 활용된다. 1920년대 실험적인 아방가르드(전위) 건축에서부터 사용하기 시작한 유리는 현대 건축에서 벽면 재료로 가장 애용된다. 유리는 그 특성에 의해 투명성과 공간의 확장, 겉과 속의 해체, 여러 가지 장식과 상징을 담아내기에 적절한 소재다. 하지만 기술의 발전은 쉽게 깨지는 약점을 보완했다지만 청소하는 일과 효율적이지 못한 에너지 낭비는 풀어야 할 과제로 남아 있다.

요즘은 유리 벽면을 대형 빌딩뿐만 아니라 교회 건축, 작은 시골 마을의 동사무소 건물에 이르기까지 도처에서 만날 수 있다. 유리 표면 위에 필름을 삽입할 수도 있으며 에나멜 코팅, 스크린 인쇄, 액체 결정이나 홀로그램 장치까지 할 수 있다. 그래서 상업 광고는 물론이고 그 어떤 표현도 가능한 '미디어 파사드' 기능을 할 수 있게 되었다. 형태도 평면에서 벗어나 과장 곡선화가 자유로우며 다양한 색채와 움직이는 정보까지 담아낼 수 있게 되었다.

부산. 불교 도시답게 부산에는 다른 도시와 달리 상가 교회, 임대 교회가 드물다. 도시민의 특질상 작은 교회를 개척하기가 어려운 도시인지 아니면 새 신자들이 대형 교회로만 몰려가는 분위기 때문인지 알 수 없지만 중대형 교회가 곳곳에서 눈에 뜨인다.

최초의 유리 건축물 교회로는 서울 잠실의 임마누엘교회를 들 수 있다. 하지만 소박한 형태로 유리를 적절히 사용한 교회로부산 해운대 근처의 수영로교회 (1999년 IMF 외환위기 때 기공하고 2001년에 완공)를 꼽고 싶다. 대지 면적 1900평에 건평 1000평, 지하 2층, 지상 5층

부산 수영로교회

규모로 건축가 김대식 씨가 설계한 대형 교회다. 수영로교회 전면과 벽면은 타일과 유리를 균형 있게 배합했다. 배 모양의 대형 콘서트홀과 같은 이미지의 건축물이다. 그리스도교의 상징을 담으려고 지붕을 배 모양으로 구축한 듯하다. 정방형 구조로 만든 앞면 파사드의 복잡한 구성 때문에 배의 앞부분이 더욱 짧고 가파르게 느껴진다. 어울리지 않는 입간판과 십자가 종탑, 입구의 원기둥이 눈에 거슬린다. 그래도 지붕 배 모양의 정수리에 십자가를 매달지 않은 것은 다행이다.

부산 수영구에 위치한 중앙교회(1995년에 건축)는 벽돌로 지은 교회다. 본당과 독립된 타워는 이탈리아식 로마네스크 건물을 연상케 한다. 유리창을 보면 고딕 양식과 로마네스크 양식이 혼재해 있는 퓨전 건축이다. 마리오 보타의 강남 교보빌딩을 떠오르게 할 만큼 적절한

부산중앙교회

색으로 구워 정교하게 벽돌로 조적한 건축물은 아름답다. 그러나 산
등성이를 깎아 터를 만든 탓에 비좁고 시야도 막혀 답답해 보인다. 좁
은 터에 많이 담고자 했던 욕심 때문이다. 지나치게 높고 큰 반원형
본당 입구의 흰 라인은 벽돌과 조화롭지 못하지만 넉넉한 그 입구가
좁은 터를 확장하고 있으며 출입자들을 분산할 수 있도록 한 점이 돈
보인다.

　부산중앙교회 근처에 있는 같은 벽돌조의 가톨릭 주교좌교회의 벽돌
색은 지나치게 붉고 십자가 종탑도 본당에 비해 크고 무거워 조화롭지
못하다. 건물의 형태는 단아한데 종탑 조형의 굴곡이 커 본당과 독립된
듯 보이며 그 방향도 본당을 향하지 않고 외부로 향해 있어 위압감이
든다. 입구 담 벽체에 안내판을 무수히 달아 놓아 이미지를 흐리고 있
는 것도 거슬린다.

1 부산 가톨릭 주교좌 교회
2 부산의 중세 성곽 이미지 교회

부산 영혼의 쉼터

한편 정면 표피에 적절한 유리창을 구성한 것과 창문에서 세로로 잇
는 붉은 라인으로 건물의 멋이 한층 살아난다. 이 주교좌 성당과 멀지
않은 또 다른 벽돌조 교회는 숲 속 언덕 위에 위치한 고딕풍의 중세 성
곽을 연상케 한다. 노르만 양식의 성곽 장식 지붕 그리고 고딕 창과 앞
면 벽체를 꽉 채운 유리 십자가가 많은 빛을 유입하지만 구성은 조화롭
지 못하다.

교회 언덕 위에 군림하고 있는 이 권위적인 건축물을 여름에는 숲
이 가려주지만 겨울에는 어떤 이미지로 드러날 것인지 상상할 수 있
다. 교회는 그 건물 자체가 복음 전도의 미디어 기능을 갖고 있다. 그
런데도 그것만으로 부족한지 대형 십자가와 현수막으로 건물을 덧씌
운다. 전도를 위한 효과가 애쓴만큼 나타나지 못하고 반감되지 않을
까 지레 안타깝다.

부산 외곽 기장 방향으로 가다 보면 도로변과 기찻길 옆에 '영혼의
쉼터'라는 기도원인 듯 요란하지만 나즈막히 앉은 교회가 있다. 주변
은 아름다운 논과 산으로 둘러싸였지만 실제로 소음이 가장 심한 곳
에 자리 잡은 영혼의 쉼터, 흰 페인트 벽에 적색과 청색을 사용해 눈

교회 건축 탐사

길을 끌고 있다. 요즘 누가 저런 교회에 다닐까 싶은 가건물 같은 교회지만 철탑도 우뚝하고 흰색 노란색 초록색 파란색으로 값싸게 치장도 했다.

그러나 이 교회 건물은 가난해 보여도 솔직함이 묻어난다. 이 교회도 부자가 되면 멋지고 차별성 있는 건물을 짓고자 할 것이다. 그때는 조용한 곳에서 알록달록하게 채색하지 않은 고요히 앉은 '영혼의 쉼터'로 자리할 수 있기를 바란다.

교회가 아무리 투명한 유리로 창을 내고 벽을 만들지라도 사회와 소통을 못 하면 중세 고딕 건물의 육중한 벽처럼 될 것이다. 참된 영혼을 비추는 거울 같은 벽이 되려면 어찌 해야 하는가, 함께 뛰어넘을 문제다.

교회 가구

횡성군 지역은 '특별히 아름다운 곳이 없다.' 이 말은 곳곳이 다 아름답다는 뜻이다. 이 지역도 개발 붐을 타면서 산허리가 잘려나가고 그 자리에 4차선 도로와 주유소가 버젓이 들어섰지만 여전히 예쁜 곳이 많이 남아 있다.

횡성군을 지나다 보면 몇 개의 작은 농촌 교회를 만난다. 한국기독교장로회 소속 교회는 낮은 산자락 감나무 옆 양지바른 곳에서 종소리를 예쁘게 울리고, 침례교회는 넓은 들녘에서 노을을 바라보며, 가톨릭 공소는 가정집을 소탈하게 개조한 하얀 집이다. 이 지역만 그런 것이 아니라 대체로 한국의 농어촌 대부분의 교회는 비슷한 입지에 비슷한 규모에 비슷한 재료로 세워져 있다. 교인 수는 대략 50~100여 명 안팎이며 예배당 크기는 20여 평 규모다. 작은 강당이나 학교 교실 하나만 한 공간이다.

교회의 외관과 어울리는 교회 내부는 어떤 것일까? 교회 안으로 들

| 1 | 2 |
| 3 | 4 |

1 기독교장로회 교단 교회의 외형
2 가톨릭교회 공소 외형
3 기독교장로회교단교회 강대상
4 침례교회 강대상

어가 보면 예배당이 아무리 작아도 강대상과 설교대, 목회자용 의자,
회중석 장의자, 피아노까지 대형 교회가 갖추고 있는 가구들과 똑같
은 크기로 다 갖추고 있다. 게다가 특이한 것은 모든 교회가 성물의
크기와 색깔도 똑같다.

  횡성군 교회 탐사를 하며 처음 들른 교회가 보기 드문 진보교단인
한국기독교장로회(한신대학교) 교단 교회였고 두 번째 들른 교회는 보
수적인 침례교 교단 교회였다. 신학과 신앙의 특질이 서로 다른 두 교
회가 교회 공간 내부 구조와 성 가구 배치까지 똑같다는 점이 신기하
다. 오히려 진보적인 교회의 성 가구 색깔은 보수적인 교회 것보다 더
짙어 권위적으로 보인다.

세 번째 들른 곳은 가톨릭교회 공소였다. 가톨릭교회의 상징처럼 성모 마리아 상이 옥외에 안치되어 있고, 내부 제단 중앙에 고상십자가와 14처가 벽에 걸려 있는 것 외에는 성만찬용 테이블이 강대상을 겸하고 있어서 그 내부 역시 개신교회의 교회 내부와 크게 다를 게 없다.

개신교회는 말씀 중심의 교회라서 강대상만 갖추면 장로교든 감리교든 침례교든 교회 공간 배치에 별 다른 차별성이 없을 수도 있다. 모든 개신교회가 예배 순서만 조금씩 다를 뿐 유사한 형식의 예배 의식을 진행하고 있는데도, 교단 신학이 얼마나 다르기에 교단 분열이 일어나고 서로 타협하지 못하는 것일까.

예배 형식이 같고 교회 내부 공간 배치가 같다는 것은 신학도 같다는 의미다. 교파 구분 없이 모든 교회가 똑같은 공간 내부구조에 별 차이 없는 성 가구 배치와 매한가지 형식의 예배를 진행하면서도 교단이 분열되고 있다는 것은 특별한 신학적인 차이 때문이기보다는 교권 분쟁에서 기인하는 것임을 증명한다. 교회일치운동을 위한 서로 다른 이웃 교파들의 신학적 대화 모임도 중요하다. 하지만 반대로 상상력을 발휘하며 교회

1
2
3

1 기독교장로회교회 내부
2 침례교회 내부
3 가톨릭 공소 내부

교회 건축 탐사

건축과 공간 배치를 다양하게 하여 다름 속의 일치를 꾀하며 그 가능성을 넓혀 갈 수도 있을 것이다.

기장 교회는 작은 교회부지의 모퉁이에 텃밭을 만들어 배추와 고추를 심었고 현관 옆에 사무실을 마련한 애틋함이 느껴진다. 비록 작은 텃밭이지만 교인들이 함께 재배하여 얻은 결실은 공동체의 상징이다.

내부의 성 가구는 더 고민이 필요하다. 성 가구들의 크기가 조금씩만 작고 색깔이 조금만 더 엷었어도 실내 공간이 더 넓어 보여 어둡고 칙칙하게 느껴지지 않을 것이다.

가톨릭교회 공소는 농가를 살짝 개조하여 붉은 지붕을 얹고 현관을 예쁘게 장식했는데, 내부는 긴 의자없이 시원한 마루 덕에 천장 높이가 높아 보여 깔끔한 인상을 준다. 벽면의 벽화도 잘 그린 그림이고 옥외의 성모상도 예쁘고 단아하다.

가톨릭교회는 시골 교회라도 개교회 중심인 개신교회보다 한층 더 깔끔하고 부자 교회처럼 보인다. 자본주의 사회에서 가난이 오히려 자랑이어야 할 교회임에도 개신교회는 가톨릭교회에 별 까닭 없이 주눅이 든다.

교회 규모가 작고 공간이 좁아도 성 가구와 배치만으로도 각 교단과 교회마다 저 나름의 특징을 살릴 수 있다. 가구를 저렴하게 구하기 위해 시장에서 선택할 수밖에 없는 대량생산된 기성품이니 그 질과 모양이 모두 같을 수밖에 없다. 최근에는 성 가구도 가구전문 디자이너들이 설계하여 상품화한 질 좋고 다양한 디자인의 제품들이 저렴하게 출시되고 있다.

중학교에 입학할 때 삼학년 졸업 때까지 입으라고 어머니는 큰 교복을 사 주셨다. 바지와 소맷자락을 접어서 삼 년 내내 입다가 삼학년 말엽이 되어 그 옷이 몸에 맞을 즈음 옷은 이미 다 해어져 더 이상 입

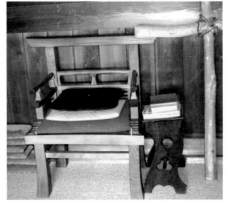

1 2   **1,2** 일본, 나라 성공회 제대와 교회 사제 의자.
가구에서 일본 특유의 선을 볼 수 있다.

을 수 없게 되었던 기억이 있다.

임대 교회나 작은 교회에서 큰 교회로 이사하거나 신축해서 그때 사용하려고 미리 큰 성 가구를 구입하는 것이 아니라면, 좁은 공간에 색 짙은 뒷골목 중국 음식점 테이블 같은 큰 강대상은 목회자의 권위를 억지로 드러내려는 시위처럼 보인다. 작은 농촌 교회의 강대상은 겉 장식 없이 소박하고 작아야 좋다. 가까운 일본 교회의 성 가구를 보면 한국인 정서에는 반감이 드는 일본 냄새가 강하게 나지만 작은 가구의 모양새까지 토착화하려고 수고를 아끼지 않은 작품임을 알 수 있다.

긴 의자가 없으면 예배 시간 동안 몸이 잠시 불편할지도 모른다. 하지만 교회 안에 의자를 놓은 역사는 동·서양 교회를 막론하고 100년 남짓이다. 이제 생각을 바꿔야 한다. 개별 의자를 놓으면 공간을 다양하게 활용할 수 있는 이점이 있다. 목회자보다는 오히려 교인들이 교회 안에는 큰 강대상과 긴 의자를 놓아야만 한다는 강박 관념에 사로잡혀 있는지도 모른다. 신자들이 고정관념을 전환하도록 돕는 것은 목회자의 몫이다. 목회자가 변해야 교회가 변한다.

십자가

'교회' 하면 떠오르는 여러 이미지들 중에 '지붕 위의 십자가' 가 단연 으뜸일 듯 싶다. 중세 유럽 고딕 교회부터 현대 도시 상가에 임대한 개척 교회에 이르기까지 동서고금을 막론하고 교회 지붕 위에 십자가가 사라진 적이 없었다.

네온 조명이 없던 시절 교회 지붕 위 십자가는 해 있는 낮 동안에 지표 역할을 했지만 현대 교회는 24시간 불야성인데도 수많은 붉은 네온의 지붕 위 십자가들은 헤매는 시민들에게 나침반이 되기는 커녕 보는 이들의 짜증만 일으킨다. 김포에 국제선이 있던 때 어느 외국인은 비행기가 하강할 때 지상 위에 수많은 붉은 십자가를 보고 남북으로 분단된 국가라서 안보태세를 위한 무슨 장치인 줄 알았다고 한다.

십자가는 예수 보혈을 상징한다. 그래서 붉은 네온으로 장식한다. 그렇다면 푸른 십자가와 노란 십자가는 무엇을 상징하는 걸까. 여기에는 무슨 상징적인 의미가 있는 것이 아니라 붉은 네온 십자가에 식

교회 건축 탐사

1 일본 나라 성공회 교회 지붕 십자가와
  장식
2 성공회 강화교회 지붕 십자가

상해서거나 너무 많은 붉은 십자가를 보는 시민들의 불평과 비웃음을 피하면서 동시에 차별성을 두려고 푸른 네온이나 노란 네온으로 십자가를 드러내는 것일 뿐이다.

교회 지붕 위에 십자가가 있는 것은 당연하며 이것은 신학적이기까지 하다. 한 교회 지붕 위에 몇 개씩 매달려 있는 작고 크고 울긋불긋한 다양한 십자가들에 문제가 있는 것도 아니다. 각각의 십자가가 적절한 곳에 설치된다면 그 것이 황금으로 치장되었든 십 수척 크기의 네온 십자가든 그것이 대수겠는가.

유럽의 돌 성당 지붕 위의 십자가는 아무리 큰 교회일지라도 많아야 두 개, 첨탑이 크고 높아도 십자가 크기는 보일 듯 말 듯하다. 교회 건물의 모양새 자체가 교회라는 것을 말해 주는데, 거기에 십자가를 굳이 크고 많게 설치할 필요가 없었다. 십자가가 적당한 크기여야 건물과 조화를 이루는 것이다.

왜, 유독 대한민국 교회들만이 교회 건물의 크기와 조화를 생각하지 않고 무지막지하게 크고 울긋불긋한 십자가를 세우는 것일까. 가히 십자가 공화국이라고 할 만하다. 여기에 무슨 신학적이나 교리적인

서울 근교 교회 지붕
십자가 모양들

이유가 있을 리 없다. 무조건 드러내려는 것이 가장 큰 이유다.

　하나의 상가 건물에 교회 세 개가 입주해 있는 경우 그 상가 지붕은 처참하다. 세 교회가 공동으로 첨탑과 십자가를 설치하면 경비도 절약되고 주민들에게 비난도 덜받고 상가 건물도 단정하게 정리되어 좋을 텐데 그런 경우를 아직 본적이 없다. 오히려 첨탑의 높이와 십자가

　　　　　　　　　　　　　　　　　　　　　　교회 건축 탐사

의 크기로 경쟁을 한다. 천사가 한 건물 위에 솟아 있는 많은 십자가 중에서 어느 십자가를 택할지 모르지만 차라리 피뢰침을 통해 사람들을 보호해 줄 것 같다.

건축가들이 교회 건물을 설계할 때 가장 고심하는 부분 중에 하나가 바로 십자가 탑이다. 건축가마다 나름대로 십자가 탑에 대한 컨셉트를 갖고 있어서 자신이 설계한 다양한 형태의 교회 건물에 일률적으로 같은 모양의 십자가 탑을 맞춤형처럼 설치한다. 십자가 탑 모양을 보면 누가 설계한 것인지 바로 알 수 있을 정도다.

건축도 환경 조형물이다. 특히 십자가 탑은 그런 조형물 위에 또 설치되는 조형물이다. 단순히 십자가 하나를 설치하는 것이라면 문제는 간단하다. 교회 건축주가 주변 다른 교회와 차별성 있는 특이한 십자가 탑을 요구하면 건축가는 고심하며 만들어 낸 자신만의 독창적인 십자가 탑을 다시 변형하여 재창출해 내기가 쉽지 않다. 건축가는 조각가가 아니다. 간혹 어느 건축가는 자신이 설계한 건물 터의 조경까지 하려는 욕심을 부리는데 그것은 전문 조경가의 몫으로 남겨둬야 한다.

교회 건물 지붕 위에 부착된 십자가 탑 자체가 또 하나의 환경 조각품으로서 건물 본체와 독립되어 또 다른 매개체 역할을 한다. 그렇다면 십자가 탑을 조각가에게 과감하게 맡겨도 좋을 것이다. 지붕 위 십자가의 크기와 모양, 색깔과 재질이 건물과 어색하지 않으며 주변 스카이라인에 흠집을 내지 않고 주민들에게 위화감만 주지 않는다면 십자가의 형태와 개수가 문제 되겠는가.

획일성과 교회일치

홍천 대명콘도 스키장을 오른편에 끼고 팔봉산을 지나 춘천을 들러 양평 강변에 전원주택지로 유명한 강하리를 지나 하남을 지나는 동안 눈에 띄는 몇 교회를 보았다. 지방 국도변 교회들은 나즈막한 산야의 예쁘고 양지바른 곳에 정겨운 철골 종탑과 함께 서 있지만 신축한 교회들은 대체로 위압적이며 거칠게 서 있다.

춘천은 도청소재지지만 그다지 큰 도시는 아니다. 그런데 '춘천에는 작은 교회가 없다'는 느낌이다. 이 도시에도 개발 붐이 일어서 주상복합 아파트와 하늘을 찌르는 대형 첨탑 교회들이 과거 논바닥 한가운데 자리하며 서로 경쟁하고 있다. 어느 상가 옥상엔 어디서 베껴 왔는지 일본 도리 장식까지 붙어 있어 가관이다.

이 지역도 교단과 관계없이 교회 내부 공간 배치도 똑같고 강대상의 크기와 색깔도 차이가 없다. 더 이상 국토 순례를 하지 않아도 대한민국 개신교회는 겉 모양새와 공간 내부와 예배 의식까지 초기 외

1 2
3 4

춘천에는 작은 교회가 없다는 느낌이다. 이들이 세상과 이웃과 어떤 소통을 하며 무엇을 하고 있는지 궁금하다. (1 춘천중앙감리교회 2 춘천새순교회 3 이유포교회 4 춘천안디옥교회.)

국인 선교사 시기부터 이미 같았음을 알 수 있다. 굳이 다른 것을 찾는다면 교단 목회자들의 출신 신학교가 다르고 총회장 이름이 다를 뿐이다.

작은 교단은 직영 신학교가 정규대학으로 승격되면서 과거보다 학생 모집이 더 어렵게 되었고 교단 소속 교수진의 확보도 쉽지 않게 되었다. 타 교단과 비교하여 더 매력이 있고 이점이 많은 신앙생활 안내를 제공할 수 없는 교단과 직영 신학교, 소속 교단 교회들은 대형 세력의 틈새에서 살아남기 위해서라도 타 군소교단과 통폐합해야 할 날도 멀지 않았다. 최근 지방 소재의 국공립 대학들이 자구책으로 통폐합을 실시하고 있는 것이 그 예이다.

하지만 한국의 그리스도교는 통폐합을 통해 자구책을 마련하려고 하지 않는다. 교회 일치가 교단 통폐합을 의미하는 것은 아니지만 일련의 교회일치운동은 소수 신학자와 교회 권력자들의 놀이터처럼 보인다.

서로의 신학과 교리를 존중하는 척하면서 외부에는 상호비방하기를 자제하고 겉으로는 평화롭게 공존하며 함께 모여 같이 행동할 이익의 사안이 생기면 힘을 합쳤다가 다시 흩어지고, 가끔 교환 예배를 드리는 것이 교회일치운동이라면 성격이 다른 국내 기독교의 양대 진영인 한기총(보수)과 KNCC(진보)는 어떤 사안에 대해서 상호 일치하려는 것인지 궁금하다.

1 | 3
2 | 4

1,2 광판교회 내부와 외부 **3,4** 검천교회 내부와 외부
교단과 관계없이 교회 내부도 똑 같고 강대상의 크기와 색깔도 같다. 교단의 차이
라면 출신 신학교와 총회장이 다르다는 것뿐이다.

　일반 시민들의 눈에는 모든 교회 모양새가 똑같고 예배 양식마저도 다른 것이 없는데 무엇이 그렇게 달라서 분열하는지 교회의 속내를 의심하게 된다.

　누구나 초보운전자였듯이 대형 교회도 처음부터 대형 교회는 아니었다. 개척 교회가 어떻게 대형 교회가 되었는지 궁금하지 않다. 교회가 천문학적인 액수의 건축기금을 어떻게 헌금하게 하는지도 알고 싶지 않다. 대형 교회 목회자들이 하는 설교 내용이 무엇인지도 관심 밖이며 그런 교회를 다니는 사람들의 신앙심과 자비심, 도덕성, 재산 정도와 학력 수준도 관심 없다. 정작 마음이 쓰이는 것은 긴 세월 동안 양적으로 성장하지는 못했지만 무엇이라도 남에게 퍼 주지 않고는 못

광판교회 종탑

배기는 작은 지역 교회를 수십 년간 지켜 오는 바보 같은 지역교인들이다.

일반적으로 사람들은 교단의 차이를 염두에 두고 교회를 선택하지 않는다. 동네 가까운 교회에 출석하는 것이 일반적이지만 신도시 형성 이후 거리에 관계없이 유명한 설교가나 부자 대형 교회에 출석하는 것도 흔한 일이 되었다. 어느 종교 어느 교단 어느 교회를 다니느냐가 중요한 것이 아니라 세상을 위해, 이웃을 위해 무엇을 하느냐는 것이 더 중요하다고 했던, 십여 년 전 가톨릭 수녀였다가 이슬람으로 개종한 옥스퍼드 대학 종교학부 교수의 '똑똑한 종교관'이 우리에게 없는 것이 아쉽다.

'다양성 속의 일치'란 것이 과연 가능할까? 다양성 안에는 다양성만 있는 것이다. 무엇을 일치할 수 있으며 어떻게 일치하려는 것인지에 관해 수십 년 경험해 본 사람들은 알 만큼 안다. 서로 상처만 내지 않고 살면 그 자체로써 일치다. 억지로, 겉모습의 권위만 같게 한다면 오히려 획일화되기 쉽다.

슬픈 건축

어떻게 건축물이 슬플 수 있을까. 아픈 기억을 간직한 절두산교회가
마음 아리고 인종차별로 고립된 사람들이 세운 차이나타운이 서글프
고, 사랑하는 왕비를 애타게 기렸던 타지마할이 안타깝다. 신림동의
조악한 웨딩홀이 슬프고, 온갖 장식으로 치장한 러브호텔과 국적 불
명의 미사리 음식점 건물이 슬프고 전투기 같은 교회 건물이 슬프다.
뉴욕의 무너진 쌍둥이 빌딩이 가슴아프게 하지만 이것을 다시 설계한
건축가는 모든 예술가는 슬퍼야만 작품에 깊이가 묻어나오는데 건축
가만은 결코 감성적이거나 슬퍼해서는 안 된다고 했다. 무너지면 큰
일이기 때문에.

영월 책박물관으로 가는 길목에 빨간 지붕 시골 교회가 눈에 띈다.
어느 한구석 나무랄 것 없는 초록 산자락을 뒤로 하고 과거에는 논이나
밭이었을 터에 반듯이 서 있는 교회다. 빛바랜 빨간색 기와지붕에 까만
용마루와 추녀마루 기와, 입구의 깔끔한 노르만 성곽 양식 벽체에 음각

교회 건축 탐사

영월 길섶교회. 왜 교회들은 여유만 있으면 이렇게 예쁜 교회 건물을 죄다 부수고 근린식으로 새로 지으려는 것일까?

의 십자가, 그 지붕 위에 기독교 도상에서 부활의 숫자인 '팔' 면으로 제작하여 얹은 빨간색 첨탑과 조금은 큰 듯한 빛바랜 빨간 십자가와 피뢰침, 하얀 측 벽면과 네모반듯한 유리창, 벽체 중앙에 장식처럼 나온 기둥, 시골 농촌 교회에서 흔히 볼 수 있는 교회지만 이만큼 단아하면서 주변 풍광과 어울리는 예쁜 교회를 찾아보기란 쉽지 않다.

F16 전투기처럼 교회를 축조해야 차별성을 띠는 게 아니라 이것이 차별성이다. 퇴색한 십자가 탑에 색을 덧칠해서는 안 될 것 같은 교회, 어느 곳에도 더 손을 대서는 안 될 것 같은 가련하면서도 두드러진 길섶의 교회다. 그런데 왜 경제적인 여유만 있으면 이렇게 예쁜 교회들을 모조리 부수고 조립식으로 재건축하려고 하는 것일까. 시설이 낙후되어 불편한 것은 이해하지만 모양새를 천박한 국적 불명의 양식으로 짜 맞추어

커피숍이 된 교회 건물. 누가 보아도 교회를 전형적인 교회 건물처럼 짓는 것이 꼭 좋은 것인지 축조하기 전에 숙고할 필요가 있다.

이 터에 세운다고 상상해 보면 안 될 일이다. 1970년대 몇 년 출석을 했던 한국기독교장로회 교회 건물을 가 보았다. 그 당시 이 교단의 교회로는 이 교회가 대전에서 유일한 교회였다. 시내 한복판에 세워진 이 교회에서 200미터 남짓한 가까운 거리에 가톨릭 대전교구 주교좌 성당이 있고, 지금은 공영주차장이 되었지만 작은 길 건너편은 시립도서관 건물이었는데 후에 중구청사로 사용했다.

교회가 이 건물을 팔아 다른 곳으로 이전하고 새 건물 주인은 교회의 겉모양새를 고치지 않고 실내만 고쳐서 커피숍으로 운영한다. 이 커피 집은 교회 건물의 외관을 그대로 살리면서 색으로 옛 정취를 전하고 있다.

교회처럼 지은 교회 건물은 다른 교회가 입주하지 않는 한 다른 용도로 사용하기 어렵다. 유럽 교회는 교인 수가 급격히 줄면서 교인이 없는 몇몇 큰 고딕 교회를 슈퍼마켓이나 사무실로 임대해 준 지 오래되었다. 높은 고딕 첨탑은 암벽 등반가들의 연습장이 되었고 실내는 노숙자 센터로 사용하기도 한다.

1 대전시립미술관. 일본 여행에서 보았음직한
  건물 모양이다. 지붕이 일본 도리를 연상케
  한다.
2 음악당. 세계화 속에서 어떻게 해야 한국의
  건축이 살아남을 수 있을까.

　　교회를 전형적인 교회 건물처럼 짓는 게 좋은 것인지 축조하기 전
에 숙고할 필요가 있다. 그러나 교인들 대부분은 주변 교회나 여타 건
물들과 차별성이 있으면서 동시에 교회처럼 보이는 특이한 교회 건물

양식을 선호한다. 그래서 건축 경비도 무려 1백 억 대가 훌쩍 넘는 아폴로, 전투기, 배 등 다양한 형태의 슬픈 대형 교회들이 출현하는 것이다.

신림동, 국적불명의 키치 웨딩홀

어떤 공간도 다용도로 사용할 수 있겠지만 공간을 굳이 나눈다면 주거 공간, 상업 공간, 교육 문화 공간, 영적 공간 등으로 구분할 수 있다. 그러나 모든 영역이 전문화되면서 특수한 목적 이행만을 위한 전문적인 건물과 공간이 늘어나고 있다.

문화 건물에도 전시와 공연을 위한 공간이 있고, 그 건물 안에 커피를 파는 상업 공간도 있는 것처럼 하나의 건물 안에도 그 사용 목적에 따라 공간의 질도 구별된다.

대전시립미술관에 들렀다.

동경을 여행해 본 사람이면 익히 보았을 성싶은 건물 모양새가 일본 냄새를 물씬 풍긴다. 미술관을 올라가는 동선의 성곽 같은 축대와 지붕에 얹어 놓은 태양열판처럼 생긴 거대한 장식, 동경 무역관을 비롯해 도심 곳곳에 사무라이의 복식에서 가져온 듯한 이것과 비슷한 형태의 지붕 장식의 건물이 일본에는 많다. 음악당도 크게 다르지는 않다. 세계화 속에서 네 것 내 것이 없는 세상이 되었지만 이렇게 슬픈 문화 건축도 있다. 교회 건물도 예외는 아니다.

교회 건축 탐사

종교의 식민성

순수 한옥 양식과 한양 절충 양식을 제외하고 한국 기독교회 건축물들 중에 국내 유수의 교단을 대표하는 교회 건축물을 꼽아 보면 가톨릭은 프랑스 네오고딕 풍의 명동성당(1892), 성공회는 네오 로마네스크 풍의 정동 주교좌 성당(1926), 감리교는 첨탑이 없는 네오고딕 풍 벽돌조의 정동감리교회(1887) 일 것이다.

어느 교단보다 장로교 안에는 무수히 많은 교파가 있다. 그중에서도 대표적인 교파들 건물로는 합동 측의 충현교회, 통합 측의 영락교회(1950), 기장 측의 경동교회를 꼽을 수 있다.

건축 연대와 교회 지명도에 따른다면 고딕과 로마네스크를 혼합한 벽돌조의 중림동 약현성당(1891), 새문안교회, 종교교회 등을 들 수 있다. 특히 대구와 전주 지역에도 유수의 사료 가치가 있는 문화재 교회 건축물이 다수 있다.

1980년대에 건축된 경동교회를 제외하고 1980년대 이후에 건축한

1

2 3

1 네오고딕 양식의 정동감리교회
2 네오고딕 양식의 명동성당
3 로마네스크 풍의 성공회 서울 주교좌 교회

교회 건축 탐사

1 2

1 네오고딕 양식의 영락교회
2 고딕 양식의 충현교회

충현교회에 이르기까지 교단과 교파를 대표할 만한 교회 건축 양식 대부분이 서양의 한 시대를 풍미했던 고딕과 로마네스크 양식을 취했다는 점이다.

가톨릭, 개신교 불문하고 서양의 한 시대적 산물인 고전 양식이 오늘날까지 애용되고 있는 까닭은 무엇일까? 아마도 서양 선교사들의 영향이 절대적이었고 그 후대에 이르러서도 서양 선교사에게 교육을 받고 그 건축물에서의 신앙생활을 한 것이 그 까닭일 것이다.

한 시대의 양식은 그 시대로써 족하다. 르네상스 시대에는 그리스와 로마의 양식을 모방하여 르네상스 양식을 만들어 냈고 바로크 양식은 비잔틴 양식에서 영향을 받았다. 이것은 유럽에서 태동한 양식이다. 초기 선교사들은 먼 한국까지 와서 교회는 물론 학교 건물에 이르기까지 서양식 건축물과 그들 방식의 신앙을 그대로 이식하려고 했다. 한국인들은 선교사들이 물려준 유산을 한 세기가 넘도록 지키고 보존하며 그대로 답습하고 있는 것이다.

한 번 주입된 인식은 DNA처럼 유전된다. 피 속에 한 번 들어앉게 되면 이것은 제동 장치 없이 암세포처럼 번진다. 아파트와 시골집에서 각기 다르게 성장한 어린이들의 정서는 어른이 된 후에도 크게 변하지 않는다. 같은 부모에서 태어나 같은 조건에서 성장한 형제들도 그 성향과 가치관이 다른데 한 지역일지라도 한옥 교회와 고딕 교회에서 신앙생활을 한 사람들의 신관(神觀)이 같을 수 없다.

21세기 세계화 시대에서 양복을 입고 영어를 모국어처럼 잘할 수 있기를 간절히 소원하며 입식 생활을 하고 있는 우리 스스로에게 교회 건물 양식과 신관에 관한 토착화 담론이 어떤 의미가 있을까. 일상 삶 속에서 한국인의 정체성에 혼란이 올 것만 같아 '그 무엇'만은 지키고 계승시켜야 할 당위성 같은 항성은 한 민족의 피 속에 내재해 있다.

이미 퓨전화되어 버린 우리의 의식주, 그 퓨전이 토착화일 수도 있다. 그러나 외래종 동물인 청설모가 토종 다람쥐를 잡아먹듯이 '침략물' 같은 퓨전 양식들이 도처에서 고유한 것과 전통이 무엇인지에 관한 의식을 멀게 하는 것을 토착화라고 할 수 없다. 물론 모두 민족주의자가 되거나 쇄국한다는 것은 불가능한 일이다. 발달된 건축기술과 다양한 재료를 갖고 이 땅에 유럽의 고딕과 미국의 엠파이어스테이트 빌딩을 재현하고, 거대한 남근의 파워 페니스(타워 펠리스)와 같은 빌딩들이 장기판 같은 국토 위에 차포처럼 기세등등하게 자리한 지 오래되었다. 개발이라는 이름으로 종로의 화신백화점 건물마저 마징가 제트 건물에게 밀려나고야 말았다.

기능이 양식을 만든다는 말은 중세 가톨릭 전례 기능이 고딕을 만

1 타워 팰리스(파워 페니스)
2 종로의 마징가제트 건물

들었다는 것에 적용되는 말이다. 자동차도 기독교도 모두 서양에서
들어온 것이다. 새로 개발되는 최첨단의 승용차는 구입하여 사용하면
서 교회는(교인들) 100년 전 선교사 시대의 식민신민(植民信民)에서 일

보진전 없이 우리 식으로 독립하기를 주저하거나 두려워한다. 기능만 무섭게 내달린다. 이것은 안일한 보수성과 자신감이 없는 것에 기인한다. 서양식으로 의식주 생활을 영위하면서 신앙은 유럽 중세기의 보수적이며 기복적인 타력신앙을 고수하고 있는 '생활'과 '신앙'이 극단적으로 양극화된 현실의 단면이라고 할 수 있다. 신앙도 생활이기 때문에 최첨단으로 할 수 있다면 그렇게 바꾸어 가는 것이 생활과 괴리된 신앙보다 바람직하다.

현대 테크놀로지의 대표적 산물이라고 할 수 있는 '컨셉트 카'처럼 현대 교회도 '컨셉트 교회'를 창출할 수 있어야 한다. 대안 교회란 컨셉트 교회에 다름 아니다. 컨셉트 교회란 기능이 양식을 창출하던 과거의 교회 이미지가 아니라 기능과 양식이 서로 유기적 관계를 갖고 새롭게 창출해 내는 교회다. 하나님은 시간과 장소에 갇혀 계신 유럽 중세기의 하나님이거나 미국의 하나님일 수 없다. 우리 하나님은 지금 숨 쉬며 살아가고 있는 이 땅의 하나님이다. 우리의 하나님을 예배하는 교회를 구축해야 한다.

고딕의 변형

음식만 퓨전이 있는 것이 아니다. 일상에서 즐기는 음악과 미술, 문학에 이르기까지 퓨전의 시대를 사는 우리는 몸과 정신조차 퓨전이 된지 오래다. 지구화 시대, 인터넷 시대에서 쇄국 정책을 펴는 닫힌 공간에서 살지 않는 한, 모든 문화는 국적 불명의 퓨전 문화일 수밖에 없다.

다양한 문화의 소통 중에 어느 문화가 특정한 시공간에서 다른 문화들보다 더 호감을 얻게 되면 그 특질을 십분 발휘한다. 일단 시공간이 정해지면 그 조건이나 성질에 적합하게 스스로 수정하고 변화하여 그 시공간 안에 일시 정착하게 된다.

한식집, 일식집, 양식집, 중국집이 따로 없이 어느 간판이든 간에 한 간판 아래 한국인들의 식성에 맞게 적절히 변화하여 생산된다. 이 음식은 일식도 중국식도 한식도 아닌 복합적인 '짬뽕' 퓨전 음식이지만 그 자체가 음식의 한 장르가 된다. 일본에서의 퓨전 음식과 한국에

1 디즈니랜드 이미지 교회.
2 아폴로 이미지 교회
3 고딕 처럼 첨탑을 높인 교회(개척교회라 할지라도
  십자가 첨탑은 드높인다.)

교회 건축 탐사

서의 퓨전 음식은 다를 수밖에 없다.

고딕(Gothic), 언제나 크리스마스카드 겉장을 장식하던 사진과 그림들, 흰 눈으로 덮인 교회 지붕과 뾰족한 종탑, 반짝이로 장식한 상록수, 우리에게 고착이 되어버린 이러한 이미지의 교회 건물은 언제나 고딕을 원형으로 한 것이었다. 르네상스 전까지 축조된 고딕 양식은 중세 스콜라 신학을 토대로 로마 가톨릭 전례를 담기에 적합하도록 신학적으로 공학적 기술로 고안된 산물이었다. 보편 논쟁 이후 유명론자의 득세로 인해 더 이상 보편주의(Catholicism)가 명분을 잃자 보편주의를 담았던 고딕 양식은 더 이상 축조되지 않고 르네상스를 맞이했다.

그 후 19세기 초엽, 영국에서 러스킨(J. Ruskin)과 퓨진(Pugin) 같은 사람들이 중세를 그리워하며 고딕 양식을 재건하는데 그것이 '네오고딕'이다. 동시대에 윌리암 모리스(W. Morris)를 중심으로 기계가 아닌 손으로 제작하는 중세적 공방운동으로 미술공예운동이 일어나는데, 이 운동을 시점으로 문학, 미술, 음악, 건축, 종교 등 모든 장르가 낭만주의 시대를 맞는다.

영국성공회의 옥스퍼드 운동은 중세 가톨릭교회에 봉사하였던 화가 라파엘 이전으로 되돌리고자 했던 미술공예운동가들, 네오고딕운동가들과 협연하여 교회 전례를 중세로 복원시키려했던 고 교회(High Church) 신학자들의 종교낭만주의운동이었다. 그 시절 아일랜드 국민들은 기근으로 1백만 명 이상이 목숨을 잃었다. 하지만 낭만주의 사조는 이러한 문제에 아랑곳하지 않은 귀족 취향의 운동이었다.

유네스코 유산으로 지정된 유럽 중세의 대성당들을 보며 이 건축공사로 인해 얼마나 많은 민중들이 목숨을 잃었는지 상기할 필요가 있다. 모두 신의 영광을 위해 익명으로 봉헌된 결과물들을 후손들은 그 숭고미만 탐닉하고 있는 것이다.

네오고딕 양식이 우리나라에 최초로 도입된 것은 1890년 붉은 벽돌조의 가톨릭 명동성당이다. 터를 구입할 때부터 조선 정부와 마찰이 있었던 명례방에 프랑스 신부가 설계하고 프랑스 외방전교회가 주된 재정적 주체가 되어 중국인 벽돌공들이 쌓아 올린 교회당이다.

건축물의 토착화 문제에 앞서서 명동성당은 가톨릭교회이기 때문에 양식과 그 내부 공간을 네오고딕 양식으로 구성한 것에 관해 명분을 내세울 수 있겠지만, 가톨릭이 싫어 종교개혁을 하고 전례를 단순화한 장로교회가 고딕으로 축조하는 것에는 어떤 신학적 명분이 있는 것일까. 교회는 고딕이라는 러스킨의 말이 전 세계 교회에 적용되는 것일까? 장로교회의 대표 격인 영락교회는 1950년 전쟁 중에 네오고딕으로 축조되었으며 십 수년 전에 건축한 충현 장로교회는 프랑스 중세 고딕성당을 그대로 옮겨 놓은 듯하다. 많은 개신교회가 네오고딕이든 고딕이든 이와 비슷한 양식으로 자신들의 교회를 재건축하려고 한다. 중세풍의 고딕을 그대로 재현할 신학적이며 재정 충원의 명분을 찾지 못한 한국의 대다수 대형 개신교회들은 중세 유럽 고딕 교회 건축물을 원형으로 삼아 그것을 변형하여 주변 교회들과 차별화된 퓨전 양식으로 축조하여 국토의 풍광을 바꾸고 있다.

경부고속도로 판교톨게이트 주변에 전투기처럼 솟아 있는 교회도 그 원형은 고딕을 모델이며, 수원 산업도로 주변 논 자락에 서 있는 아폴로 우주선과 같은 교회도 고딕이 원형으로 삼아 변형시킨 양식이다.

내 교회를 무슨 양식으로 어떻게 축조하든 상관하지 말라고 한다면 그것은 내 돈 내 마음대로 쓰는데 무슨 상관이냐는 말과 크게 다르지 않다. 부자가 돈을 쓸 때 가난한 이웃을 돕지는 못할지라도 이들을 의식하는 최소한의 예의는 갖추는 것이 부자의 기본적인 도덕이다.

1 전투기 이미지 교회
2 덴마크 아폴로 이미지 교회

    교회도 지역 사회 안에 존재하면서 지역 주민들과 소통을 하고 지역 풍광과 어떻게 하면 어울릴 수 있는지를 조금이라도 의식해야만 하는 것이 건축에 대한 교회의 기초 도덕이다. 주변과 주민들을 의식하지 않고 건축한 특이하고 거대한 건축물이 그 신앙 구성원들에게 자랑이 된다면, 그것을 탓하지도 못하는 주변 사람들이 교회에 품는 속내의 이미지는 그 교회 건물이 무너질 때까지 사라지지 않을 것이다.

    교회가 그 어느 다른 목적의 건축물들보다도 더 환경을 파괴하고 특이한 양식으로 축조하는 것에 대해 지역 주민이 혐오감을 갖고 비난을 한다면 그것을 탄압이나 박해라고 여기고, 하나님의 영광을 위해 주변의 모든 피조물에게 참고 견디라고 한다면 그것은 21세기 교회가 자신의 목적 달성을 위해 중세기 신학적 명분으로 포장하는 시대착오적 명분이다.

    언제나 환경을 최소로 파괴할 수 있는 방안을 모색하고 지역 풍광과 어울리며 지역 주민과의 소통을 극대화할 수 있도록 개방하고 공공성을 담지하는 교회 건축이라면 그것이 고딕이든 국적과 시대를 초월한 퓨전이든 그 양식이 문제되지 않는다. 이러한 선교 신학으로 무장한 교회가 천문학적인 건축 헌금을 모아 환경을 심하게 파괴하면서 차별성 있는 퓨전 양식으로 예배당을 마련할 리 없다. 대체로 기복적이며 보수적인 성향의 교회들이 전투적인 양식으로 교회 건물을 축조하고 있는 것도 퍽 흥미로운 일이다.

'교인 군사 같이 구주 지휘로'

토착화 교회

최근 개신교회는 개신교 신학과 무관한 '네오고딕' 양식을 기이하게 변형시킨 국적 불명의 '유사 네오고딕 양식'으로 건물을 신축하고 있다.

18~19세기 서양 선교사들의 입국 이래, 가톨릭을 포함한 한국 기독교는 토착화 신학과 민중신학의 태동에도 불구하고 신학과 건축, 예전은 물론 종교화의 양식에 이르기까지 시각 이미지는 서양식을 극복하지 못하고 있다.

하나님과 교회 건축에 관한 이미지는 국민들의 신 관념 정체성에 큰 영향을 미친다. 한옥식 교회 건축물에서 교회 생활을 하는 신자들의 하나님 이미지는 한국인 같은 이미지인데 반해 고딕식 건축물에서 교회 생활을 하는 신자들의 하나님 이미지는 서양인 이미지인 것이 흥미롭다. 우리(한국인)의 하나님, 우리식의 건축 양식이란 무엇일까. '우리식'이라는 단어에는 전통에서 새로운 것을 창출하면서 동시에 국수주의를 극복해야 할 과제가 있다. 세계화라는 질서 속에서 제3세

계는 국가와 민족, 지역의 특수성과 그 정체성을 제1세계 중심으로 세울 것을 강요당하는 새로운 오리엔탈리즘이라는 우산 아래에 놓여 있는 것이다.

가톨릭을 포함한 초기 한국교회 건물들은 대부분 한국식 전통 목가구(한옥)에서 출발했다. 지금은 대부분 사라졌지만 남아 있는 대표적인 건축물로서는 1900년에 축조한 성공회 강화교회를 꼽을 수 있다.

이 건물도 벽체나 문은 순전한 전통 한국식이라고 할 수 없지만 목구조는 전통양식을 그대로 이어받았다. 1978년부터 문화재로 지정되어 수리 보존이 수월해진 것은 다행이다. 건물의 입지나 좌향(坐向)은 불교 사찰보다는 향교 건축에 가까운데 이것은 조선 말기 유교 강화학(양명학)파의 영향일 수 있다.

산자락을 깎아 세운 점도, 이 건물 바로 밑에 철종의 궁의 있는 것도 전통 풍수에 적절하다고 할 수 없다. 전통 한옥 건축물을 정의하기란 쉽지 않지만 현존하는 한옥은 조선 말기 양식이며 시대적으로 더 거슬러 올라갈수록 더 전통적이라고 말하기도 어렵다.

최근에 건축한 것으로써 전통 양식이라고 말할 수 있는 건물은 그 나라 안에서 생산된 재료와 기술, 내부 공간 배치와 장식 가구, 풍수에 따른 입지까지 종합적으로 적절하게 적용한 건물을 일컫는 것이지 목가구 구조만 전통 기법을 따랐다고 해서 전통 양식이라고 할 수는 없다. 서양의 기독교 컨텐츠를 한옥 구조라는 하드웨어로 수용한 점에서 토착화 교회 건축물이라고 말할 수는 있겠지만 강화교회의 건축 주체는 한국인이 아니라 영국인 사제였다. 전통 양식일지라도 이 건물은 유럽인의 눈에 비친 한국 전통 양식인 점에서 교회 건축물의 토착화라고 하기에는 부족하다.

건물의 배치는 유럽 교회들의 입지에서 종종 볼 수 있는 배 모양이다. 이 배는 노아의 방주, 구원의 배, 한 공동체, 베드로 등 여러 가지 서양의 도상학적 의미를 지닌다.

입구 현판의 '천주성전(天主聖殿)'은 중국교회의 영향이며 제단 부분도 상당히 청나라 시대의 중국교회 양식이다. 교회 이름이 '베드로와 바우로'인데 이 두 성인을 상징하는 것이 각각 '열쇠와 검'이다.

성공회강화성당 배너

이 배너는 무속적이며 전통적인 기법을 가미하여 서로 교차하는 모습으로 표현하고 있다. 이것은 서양과 한국의 것을 상호 절충하여 새롭게 재현한 문장인데 이것이야말로 토착화라고 할 수 있다. 이 건물 본당의 양 측면 출입문과 문고리가 영국에서 직수입된 문인데 영국의 문을 통해 구원에 이르라는 것은 아니었는지 그 선교사의 속내를 알 길이 없다.

지금은 한옥식 목가구 구조로 건축하는 교회는 드물지만 그래도 이 땅에서 한옥은 시공을 초월한 영원성이 있는 것이다.

여백의 교회

얼마 전 의학 분야의 전공을 하는 서울대학교 불자교수회 임원 한 분을 대학 채플에 초청하여 생명과학에 관한 강의를 들었다. 저녁 식사 중에 이런저런 이야기를 나누다가 이분이 절과 교회에 동시에 출석한 지 10년이나 된 분이라는 것을 알게 되었다. 서로 다른 종교에서 비롯된 신앙관으로 불편함이 없느냐는 질문에 오히려 전보다 자신의 종교적 품성과 영성이 훨씬 더 풍성해졌다고 했다.

건축가 승효상은 교회 내부를 '빈자의 미학'이라는 자신의 건축철학으로 절 공간처럼 구현하였다. 이러한 공간 개념은 교인이 없어도 무엇인가로 꽉 차 있는 서양의 교회보다는 여백과 비어 있음을 중히 여기는 동양의 불교 건축이나 유교 건축에서 더 많이 나타난다.

기독교에서 하는 영성 훈련에는 크게 두 가지 방법이 있는데, 하나는 내 안에 무언가로 하나씩 꽉 채워 가는 것이고 또 하나는 거꾸로

교회 건축 탐사

1 승효상의 가톨릭 중곡동 성당 내부
2 승효상의 동광감리교회 내부

하나씩 비워 가는 방법이다. 하나씩 채워 가는 것이 비워 가는 것보다 조금 더 수월하지 않을까 싶다. 정치인들은 흔히 '마음을 비웠다'거나 '비우기 위해' 산에 오른다고 하는데 그들이 산을 오르는 건 믿을 수 있어도 마음을 비운다는 말은 아무도 믿으려 하지 않는다. 진정으로 마음을 비운 사람은 역사 이래 몇 사람밖에 없었기 때문이다.

언젠가 동경에 몇 달 머무르는 동안에 한 교회의 내부 공간을 새롭게 구성하는 자문 요청에 그 교회 구석구석을 살펴보았다. 일본교회도 한국교회와 비슷하여 교인들이 집에서 사용하다가 처분하기에는 아까운 의자나 탁자 따위를 교회에 기증을 하는 바람에 교회는 중고가구 판매 전시장을 방불케 했다. 리노베이션도 좋지만 먼저 교회 안에 있는 불필요한 허접한 물건을 정리하라고 권유했다.

그 뒤에 주일 예배 후 교회위원들이 모여 무엇을 버리고 무엇을 남겨 둘 것인지 의논했다 한다. 물품들을 하나씩 살펴본 후 버릴 것은 버리고 가구 배치를 하고 보니 많은 돈을 들여가면서 굳이 리노베이션을 할 필요가 없을 만큼 공간도 상당히 확보되고 잘 정리되었다고 전해 왔다.

영국 솔즈베리 성당 외부와 내부사이에 있는 고딕 클로이스터

교회가 물건을 수납하는 하치장처럼 된 것에는 몇 가지 이유가 있다. 가난하여 비품을 제대로 갖추지 못하는 출석 교회에 자신이 사용하던 물건을 기증하면 멀쩡하게 보이는 물건을 내다 버리는 아까움을 상쇄할 수 있고, 자신의 손때가 묻은 물품을 교회에서 다시 만날 수 있으며 고가의 물건이라면 생색도 낼 수 있다는 점이다.

헌것이든 새것이든, 고가이든 싸구려이든 간에 교인들의 기증품을 거절하기 쉽지 않은 교회 정서 때문에 검열 없이 기증을 받다 보면 용도가 비슷한 물건들이 쌓이게 마련이다. 요즘도 가난한 민중 교회나 이주 노동자 교회는 기증품을 받고 있지만 받을 물품에 대한 검열기구는 없다. 기증받은 물건을 임의로 처분하기 어려운 것은 물론이거니와 그 물건의 위치를 옮기는 것도 어려운 것이 한국교회의 정서다.

오사카 근교 안또 타다오의 빛의 교회

　기증할 사람은 교회에 이 물건이 꼭 필요한 것인지, 또 어느 자리에
놓을 것인지, 주변 다른 가구들과 크기나 색깔에서 조화를 이루는지
를 꼼꼼히 살펴보고 교회 측에 조심스럽게 수용 의사를 타진해 보아

야 한다. 교회가 기증받겠다고 하면 이 물건이 필요하지 않을 때 자유롭게 처분해도 좋다는 의사도 같이 전하는 것이 좋다.

교회를 개축하거나 신축하면 모든 가구를 새롭게 바꾸는 추세에 따라 물품으로 기증받을 경우에는 유념을 해야 하며 지정 헌금을 할 때도 기증자 개인 취향에 따라 물건의 모양새까지 구체적으로 제안하는 조건을 붙여서는 안 된다.

시간을 내어 자신이 출석하는 교회 구석구석을 세심히 둘러볼 필요가 있다. 가구와 비품들이 적절한 위치에 조화롭게 있는지, 차마 버릴 수 없어서 필요 없는 물품들이 창고와 구석에 방치되고 있지는 않은지. 발견이 된다면 교회 측에 건의하여 일 년에 한두 차례 정리하는 것이 좋다.

옷장에서 삼 년 동안 한 번도 꺼내 입지 않았던 옷은 버려도 괜찮은 옷이다. 마찬가지로 골동가치가 있는 것이 아니라면 교회 창고나 구석에서 삼 년 이상 먼지에 쌓여 있는 비품은 버려도 좋은 물품이다. 교회 비품들을 정리하여 공간의 여백을 가능한 많이 확보해 보는 것이다. 작은 교회라면 긴 의자부터 제거해 볼 일이다. 교회 공간이 어떻게 변하는지를 체험하게 될 것이다. 영성도 내 안에 꽉 차 있는 세속적인 것들을 하나씩 비워 갈 때 좋은 것으로 검열하여 채워 갈 수 있다.

중세 로마네스크와 고딕성당의 클로이스터(성직자들의 사색을 위해 본당에 붙인 외부 통제 마당)를 마주한 통로, 안또 타다오의 천고가 높고 최소한의 있을 것만 구비한 빛의 교회에서 여백의 미를 본다. 의자를 놓지 않아 교회 공간보다 더 여백이 커 보이는 것은 이슬람 사원과 불교 사찰이다. 종교는 비우고 베푸는 것이다.

극장식 교회

『고대 예술과 제의』를 쓴 제인 해리슨(Jane Harrison)은 사람이 교회와 극장에 가는 것은 동일한 충동에서 비롯된 것이라고 말한다. 기원전 4세기까지 희랍인들은 디오니소스 봄 대축제 일에 극장에 갔다는 것만으로도 그것은 경배의 한 행위였다. 제우스를 모실 때 사제들이 올림피아에 반원형으로 둥글게 배치된 것과 캔터베리 대주교를 중앙에 두고 주교들이 같은 형태로 그를 둘러싸고 있는 것은 같은 것이라는 주장이다.

고대 제의에는 가무가 있었다. 예배를 '보러' 간다는 말도 고대 제의에서 유래하는 것인지 모른다. 요즘에는 예배를 '드린다' 혹은 '참석(참여)한다'라고 말하지만 여전히 일반 신자들에게는 '예배 보러간다'는 말이 더 익숙하며 친숙하다. 이것은 한국어 번역의 문제가 아니다.

유럽 중세 교회도 미사는 '보는' 것이었다. 일반 대중들은 미사(예배)전례 중에 그 어떤 부분에도 직접 참여하지 못했다. 이들에게 교회는 집례하는 사제의 몸짓과 교회 안에 가득한 성화를 보며 알아듣지 못하는 라틴어 운율과 찬트를 듣는, 볼거리와 들을 것이 많았던 극장 같은 곳이었다. 예배는 단순히 참여하는 것만도 아니며 참석하면서 보는 것이다. 보는 것도 참여하는 한 방법이기 때문이다.

성직자의 복식과 그 색의 상징성은 차치하더라도 검박한 무채색의 일상 제복과 미사나 예불, 행사 때 입는 화려한 예복까지 모든 종교의 성직자 복식은 오늘날까지 교인들에게 여전히 볼거리를 제공한다.

1, 2 양평 문호리 극장식 교회 외부와 내부

양평 서종 방면으로 가다 보면 서종 갤러리를 조금 지나 산 밑 논 자락에 터를 잡은 'ㄷ'교회가 있다. 교회 이름과는 어울리지 않는 건물 모양인데 내부 예배당의 회중석마저 극장식 의자다.

요즈음 교회에 가면 예배 전에 제단 위로 젊은 남녀 몇 사람이 올라와서 CCM 인지 복음성가인지 율동을 곁들인 노래로 흥을 돋우는 모습을 볼 수 있다. 수년 전까지 전국토를 휩쓸었던, 쇼도 보며 술과 음식을 즐기던 일거양득의 '극장식 스탠드 바', '홀리데이 인 서울'과 그 구성이 유사한 연출이 교회 제단 위에서 펼쳐지고 있는 것이다.

교회 건축 탐사

극장식 교회 내부

'쇼도 보고 은혜도 받는' 극장식 교회다. 언제부터 이 나라의 교회가 이렇게 요란스러워졌는지 알 수 없지만 대체로 미국 대형 교회가 하고 있는 기법이 흘러 들어온 것이라고 한다. 세속에서는 이미 사라져 간 극장식 스탠드 바가 뒤늦게 양태를 바꾸어 교회로 전이되고 교회는 세속의 흥청스러운 것을 교묘하게 성스러운 것처럼 전이시킨다.

교회가 교회다워야 한다는 말은 무슨 뜻일까. 현대 교회는 중세 교회가 아니다. 돌이켜 보면 중세 교회도 극장 같은 곳이었으니 현대 교회라고 극장 같지 말라는 법은 없다. 극장이나 교회는 사람들이 가서 즐기고 카타르시스를 느끼는 곳이기 때문이다. 세상 사람들이 볼 때 슬픈 영화나 연극을 보고 감동받아 눈물짓는 것과 신자들이 설교와 영성체, 성가에 감화 감동하여 눈물 흘리는 것에는 근본적인 차이가 없어 보일 수 있다. 그것을 세상에서는 '감동'이라고 말하고 교회는 그것을 '은혜'라고 표현할 따름이다.

기왕에 쇼도 보고 은혜도 받도록 각본을 짰다면 회중석을 극장식 의자로 설치한 교회가 솔직한 교회다. 사람의 기질과 신앙의 훈련 처소 배경에 따라 어떤 사람은 가톨릭적인 곳을 선호하고 어떤 사람은 순복음교회 같은 곳을 선호한다. 출석한 교회가 자신의 기질과 취향에 맞지 않으면 자신에게 맞는 교회로 옮기면 된다.

분당 신도시로 이주한 사람이 한 교회에 정착하기 위해 최소 열 번 이상 교회를 옮겨 다닌다는 통계가 나왔다고 한다. 신도시 교회들은 이러한 '고객'들을 자신의 교회로 정착시키기 위해 온갖 각본을 짠다.

연출 기획을 잘하지 못하면 자칫 그 교회는 정거장일 뿐이다. 이러한 연출을 능히 해 낼 수 있는 교회는 돈 많은 대형 교회이며 이로 인해 교회의 부익부 빈익빈 현상은 점점 더 심각해지는 것이다.

작은 교회가 지역 사회를 섬기는 지역공동체로서의 교회라고 세상을 향해 아무리 부르짖어도 공허한 울림일 경우가 대부분이다. 고객들은 작은 책 하나를 사러 가도 여러 볼거리가 있는 교보문고나 영풍문고 같은 대형 서점으로 가지 동네 상가 지하 서점으로 가지 않는 것과 비슷하다. 흩어져 있는 작은 교회들이 뜻을 같이 해서 일본의 노래방 빌딩처럼 아예 백화점 같은 종교 빌딩 하나를 세우고 그 안에 교단별로 교회별로 특성화하여 고객을 유치하는 것이 더 바람직하지 않을까. 아마 곧 그런 시대가 오고 말 것이다.

어두운 밤의 춤추는 듯한 네온 십자가

교회 건축 탐사

휴양지 교회

덕유산 자락 구천동, 이곳에 관한 이미지는 어떤 것일까?

지금은 고속도로로 덕유산 문턱까지 서울에서 불과 두 시간 반이면 도달할 수 있는 곳, 주변 공간은 이미 리조트와 모텔, 음식점, 노래방으로 채워진 곳이지만 돌이켜보면 1980년대까지도 한국에서 가장 늦게 전기가 들어온 곳, 전국에서 땅 값이 가장 쌌던 곳, 손길이 닿지 않았던 가장 청정했던 곳이다.

지금은 개발 아닌 개발(dog's foot)에 눌려 '화려한 황폐'의 휴양지이지만 그래도 여전히 덕유산의 물줄기와 구천의 숲은 그 어느 곳보다 청정하다. 이곳에도 교회는 있었다. 언젠가 새롭게 치장되었음 직한 돌로 축조한 교회를 살짝 훔쳐보았다.

대문을 들어서자마자 입구에서 마당 정면에 군인 교회에 온 것처럼 '죽도록 충성하라'는 돌 비석 비문이 우뚝 서 있다. 작은 자연석 하나씩 모아 정성껏 성처럼 굳건하게 쌓아 올린 교회 건물과 이 비문 두

구천동 교회 돌비

구천동 교회

가지만 보아도 이 교회의 신앙적 특질을 쉽게 가늠할 수 있다. 그렇다. 우리는 모두 죽도록 충성해야 한다. 그런데 무엇에 대해 그렇게 죽도록 충성하라는 것일까. 차라리 '죽도록 이웃을 사랑하라' 고 했더라면 어땠을까.

교회 옆 마당에 은빛 찬란하게 철탑으로 높이 올린 예쁘고 단아한 십자 종탑과 돌 교회 위에 차별성 색유리로 장식하여 올린 십자가 탑도 이 교회의 신앙적 특질을 엿보는 데 힌트를 주고 있다. 아마 십자 종탑은 옛날부터 서 있던 그 자리에 새롭게 세운 듯하다. 지붕 위 십자가가 당연히 있어야 하지만 이것으로는 부족하여 로마네스크 성당처럼 독립된 종탑도 있어야 한다고 생각한 것 같다. 그러고 보니 마침 이 교회의 창틀이 반원형 로마네스크 식 창문인 게 흥미롭지만, 이것을 의식해 따로 종탑을 세운 건 아닐 것이다.

본당 건물로 들어서면 크지 않은 로비지만 왼편 유아실 옆에 살짝

교회 건축 탐사

1, 3 구천동교회 내부창과 외벽
2, 4, 5 구천동교회 종탑과 로비, 내부 모습

1	2
3	4
	5

감춰진 친교실이 있고 로비에는 사무실에나 놓여 있을 법한 응접세트
가 이층 계단으로 통하는 옆에 놓여 있다. 감춰진 친교실은 누구나 들

어가 보고 싶은 공간이며 다용도로 사용될 기능성이 아주 높은 곳일 것이다. 그러나 로비의 응접세트 소파에 교인들 중에 과연 누가 앉을 수 있을까. 힘없는 노인들은 오히려 그런 곳에 잘 앉지 않는다. 힘 있는 장로님용이거나 전시용으로 놓은 듯한 느낌이 강하다.

작은 나무 의자를 많이 갖다 놓거나 차라리 빈 공간으로 비워 놓는다면 더 다양한 계층의 사람들이 웅성웅성 모여 친교를 할 수 있을 것이다. 만약에 마음에 없는 높은 분 몇 분이 그 소파에 앉아 있으면 푸코가 지적했듯이 결국 권력자 몇 사람이 그 좁은 공간을 모두 점유하게 되는 것이며, 그 공간을 피하고 싶은 그룹과 계층도 있게 마련이다.

본당 제단 정면 벽에는 일반 교회처럼 권위적인 붉은색 대형 나무 십자가가 매달려 있다. 전체적으로 짙은 붉은 빛이 도는 갈색 톤의 성 가구들이 제단을 점유하고 있으며 중앙 제대 위에는 다른 대형 교회들처럼 야자수는 아니지만 파라다이스를 상징하는 나무가 올려져 있다. 왜 이런 색으로 모든 가구를 칠했어야 했는지 알 수 없지만 그 우중충함을 시원한 고창의 흰 커튼을 통해 들어오는 빛이 완화시키고 있다.

이 교회 구성원 대부분이 이 지역 주민이라고 할지라도 구천동이라는 청정한 휴양지와 어떤 유기적 관계를 갖고 있는 것인지 교회 어디를 둘러보아도 찾을 수 없다. 관계가 있다면 넓은 주차 공간의 마당과 활짝 열려진 로비 응접세트와 본당이다. 성수기에도 마당과 로비를 여행자들에게 개방하는지 확인하지 못했지만 유흥지에서 문을 개방한 것만으로도 이 교회는 90점이다.

'죽도록 충성하라'는 비문도 좋지만 평일에는 감춰진 친교실마저 부담 없이 드나들 수 있는 '누구에게나 열려 있는 교회'라는 작은 안

1,2 구천동초등학교 전경과 건물 측면

내판이라도 붙어 있었더라면 하는 아쉬움이 있다.

휴가철만이라도 관광객들과 휴양객들을 위해 좀 더 적극적으로 교회를 개방하고 그들을 위한 다양한 프로그램도 마련한다면 좋을 것이다. 예를 든다면 환경지킴이 프로그램, 반딧불이 프로그램과 같은 생태교육 프로그램 같은 것이다.

교회에서 덕유산으로 100미터쯤 지나면 초등학교가 있다. 규모에 비해 협소한 교문을 지나 학교 교실 창문에 운동장에서도 확인할 수 있도록 학년 반 표시를 해 놓은 것은 이채롭다. 교장 선생님이 운동장에서도 개구쟁이 반이 어디인지 감시할 수 있도록 붙인 것인지 아니면 이 작은 학교에 찾아오는 학부형들을 위해 친절을 베푼 것인지 알 수 없지만 재미있다.

현관 중앙에 유리 표피로 세운 알록달록한 우주선 같은 계단 통로는 시멘트 건물과 전혀 어울리지 않지만 어린이들이 좋아하고 퍽 자랑스러워 할 것 같다. 그런데 왜 이런 모양을 학교 건물에 세웠는지, 아름답고 청정한 구천동과 무슨 조화로움과 관련이 있는지 애매하다.

학교 건물 측 벽면에 스키를 타는 그림이 크게 그려져 있는데, 이

학교가 무주 리조트를 선전하는 곳인지 아니면 스키를 특화시킨 학교라는 것인지 알 수 없다. 창문에 붙은 작은 표지부터 모두가 과시용처럼 보인다. 이 지역은 주민 수가 많지 않고 또 환경 보존 구역으로 덜 개발된 탓에 그나마 훌륭한 편이다. 전 국토를 차별성 있는 과시용 건물로 축조하고 있는 대한민국은 세계에서 차별성 있는 과시적 나라임에 틀림없다. 수많은 각양각색의 교회들과 한강다리들이 바로 대한민국의 현주소이다.

상가 교회

상가 건물에서 목회를 하는 목사님 한 분이 계시다. 자신이 정기적으로 참가하는 한국교회건축문화연구 모임에 교회 리모델링 요청을 해왔다.

지하실과 3층 구조로 된 전체 200여 평의 상가 건물 맨 위층은 목사 살림집으로 사용하고, 일층 공간을 세 개로 나누어 구멍가게로 임대하고 그 뒤편은 어둡고 습한 작은 골방이 있던 건물이다.

이 뒤편 골방을 개조하여 목사 집무실로 리모델링했다. 화장실은 이층을 오르는 계단 옆에 옹색하게 있었는데 이것을 제거하고 1층 로비에서 목사 집무실로 향하는 통로에 남녀화장실을 만들었다. 1층 구멍가게 자리를 터서 로비와 작은 예배실을 만들고 예배실과 목사 집무실에 문을 내어 로비와의 출입을 자유롭게 하였다.

지하 공간은 땅에 묻혀 창고로 사용하기 어렵게 물이 차던 곳인데, 덮었던 흙을 제거하니 없던 뜰도 생겼다. 앞으로 이곳에 꽃도 심고 가꾸어 교인들과 지역 주민들의 휴식처로 개방하면 좋을 것이다.

뜰을 향하는 벽면 전체에 전면 큰 유리 창문을 설치하고 쾌적한 지하 식당과 활동 단체를 위한 방 두 칸을 마련했다. 일층에서 지하 식당으로 통하는 통로는 흙집 통로와 같이 꾸며 사람들이 내려오고 싶은 정감이 있는 동선으로 만들었다.

1 상가교회 로비
2 상가교회 정면(안양)

이층은 본당 예배실인데, 본래 출입문을 바라보는 쪽에 강단이 있었다. 피할 수 없는 기둥이 장애가 되었지만 낮은 천장을 흰색으로 마감하고 강단의 위치도 바꾸었다. 입구 쪽 창가 회랑에 유아실을 만들고 반대편 창가에는 회랑을 만들어 교회 내부를 밝게 하였다.

출입문을 노란색으로 강조하고 벽체도 노란색이 가미된 흰색으로 마감했다. 강단 벽면은 교회가 십자가를 설치하지 않아 나무 재질의 판을 상자처럼 만들어 흰색으로 장식했다. 교회 내부의 전체적인 색조는 노랑과 흰색인데 이 두색의 명도 차가 크게 나지 않도록 하여 공간에 안정감을 기했다.

그나마 이 교회는 자기 건물을 갖고 있어 다행이었다. 교인 60여 명이 출석하는 교회로, 리모델링을 할 경제적 형편이 여의치 않은 상황에서 최소 경비로 교회를 개선한 경우다. 본래 150명 이상 출석했던 교회인데 분란이 생겨 일부가 분리되어 나갔다 한다.

교회 건축 탐사

지나온 이 교회의 역사를 알 수 없지만 지금은 교인들이 교회 공간에 만족하고 있으며, 이 터에서 10년 이상 존재했는데도 이곳에 교회가 있었는지조차 모르던 지역 주민들이 최근 교회 구경을 오고 가끔 부동산 중개소에서 일층 공간 임대 요청이 온다고 한다.

건물 전면은 시멘트 벽면에 나무로 장식하고 짙은 갈색으로 페인트칠을 하여 주변 건물들과 차별성을 기하면서 골목길과 어울리도록 하였다. 현판은 따로 만들지 않고 앞 벽면 위 그림 안에 '나눔과 섬김의 교회' 라고 넣었다.

1 지하 식당
2 목사 집무실

이 교회는 특별히 장애인 선교에 주력하고 있다. 짧은 역사에 아픈 경험을 갖고 있는 이 교회가 어렵게 리모델링 공사를 끝내고 새 부대에 새 술을 담아 공공의 지역 공동체 교회로 거듭나고 있다.

이 교회의 리모델링이 컨셉트 교회의 한 예라고 할 수는 없지만 기존 상가 교회를 최소의 경비로 리모델링한 예시가 될 듯하다. 이 교회 목사님은 설계자를 신뢰함으로써 얻게 된 축복이라고 하지만 교회를 개선하는 것은 교회 구성원의 선교적 의지에서 비롯한다.

신학대학 채플

기독교 종단이 설립한 학교(대학)는 캠퍼스 안에 채플을 갖고 있다. 연세대학교, 이화여자대학교를 비롯하여 숭실대학교, 한남대학교, 계명대학교, 성공회대학교 등……. 이것은 종합대학교의 채플이지만 신학대학의 채플은 종합대학의 채플과 그 성격이 다소 다르다.

기독교 설립 이념에 따라 기독교 신자이든 아니든 학생들은 재학동안에는 기독교 정신으로 양육되기를 강요하는 중심 장소가 대학채플이다. 그래서 비기독교인 학생들은 채플 강제 출석에 시위를 하고 학교는 입학 전부터 채플 필수학점이 있다는 것을 알면서 왜 입학했느냐고 되받는다.

미션대학이라고 할지라도 학생들은 채플 필수학점의 유무까지 따져 가며 지원하지는 않는다. 생각하고 지원했다고 할지라도 채플은 대학생활의 아주 작은 일부라고 여기기 때문이다. 그러나 막상 입학하고 보니 생각했던 것보다 채플 참석의 강요가 대학생활을 피곤하게 한다는 것이다. 비기독교인이었던 학생들이 재학 중에 혹은 졸업 후에 신자가 되는 경우 대학 시절 채플 경험이 영향을 주는 경우도 있다. 이런저런 이유로 미션학교들은 설립 이념을 주입하고 조금이라도 실천할 수 있는 선교의 한 장으로써 채플을 중히 여기고 있는 것이다.

신학대학 채플은 목회자 양성을 위한 영성과 예배 훈련의 장으로써 종합 대학의 채플과 그 목적이 사뭇 다르다. 중세 유럽 대학의 채플은 성직자가 되기 위해 학생과 교수가 함께 교내에서 기숙하며 사용했던 예배와 영성의 구심 공간으로서 수도원과 같은 성격이 짙었다.

국내 신학교에서는 채플 참석 강요가 문제 제기된 적은 단 한 번도 없었다. 학생들이 교내에서 공동체 생활을 하든 안 하든 신학교 채플은 수도원과 같은 느낌이 있는 것이 좋다. 감리교신학대학교나 장로회신학대학교, 성공회대학교처럼 과거 신학교들이 종합대학으로 확대되었음에도 불구하고 채플은 여전히 과거 신학생 훈련 중심의 공간으로 구성되어 있어서 타과 학생들이 예배 참석하기에 채플 분위기가 무겁고 공간도 협소한 경우가 대부분이다.

감리교신학대학교 경우는 1950년에 퍼펜디큘러(11세기경 영국식 초기 고딕) 양식으로 건축했던 기존 채플 건물을 허물고 그 터에 채플을 신축하였다. 어느 대학이든 채플을 다목적 다용도 다기능 공간으로 사용하려고 설계하는데 이런 공간은 신학생들이 영성을 도모하고 예배 실습을 하기에는 적절치 못하다.

그나마 연세대학교 신과대학은 대학 건물 안에 자신들만의 채플 공간을 마련하였지만 전체적인 공간 분위기와 효율성은 예전의 채플만 못하다. 이층과 아래층의 경사도가 급해서 그 공간에 익숙해지기까지는 이층에 자리한 학생들은 정서적으로 불안할 수 밖에 없다.

본래 신과대학 측은 그 채플 공간 바닥에 상징적으로 생명수가 흐

르도록 계획했었는데 관철되지 못했다고 한다. 건축가는 신학에 대해 잘 모르고 신학자는 건축 공간에 무지하여 서로 대화를 해도 결국에는 건축가와 돈과 힘이 있는 대학본부 측의 제안이 승리한다. 학교를 운영하는 대학 측은 좁은 공간에 많은 좌석을 배치하여 다용도 공간으로 사용하고자 한다.

신학생들만을 위한 채플은 전례에 따라 가구도 배치하고 장식도 할 수 있다. 그러나 강연도 하고 졸업식도 거행하려고 의도한 다용도 공간에서 신학교육에 적절한 채플의 기능에는 한계가 있다. 수년 전 감리교신학대학교 채플 설계가와 함께 신축 설계도면을 읽은 적이 있다. 이 학교는 부지가 넓은 대학이 아니다. 시나리오를 텍스트로 하여 영화가 제작되듯이 테마파크도 공원을 조성

감리교신학대학교 채플 전경

하기 전에 서사를 작성한다. 그것에 따라 적절한 곳에 건물을 짓고 의미를 부여하며 놀이공간과 쉼터 유락 시설을 배치한다. 지상고가 높은 언덕에 자리한 감리교신학대학교 동산을 교문에서부터 성지처럼 계획했어야 한다. 이미 있는 기존 건물들을 모두 무너뜨리고 새로 구성한 서사에 따라 신축할 수는 없겠지만 신축하는 채플을 구심점으로 동산 곳곳에 의미를 부여하며 서사를 재구성하면 채플을 지금과는 다른 모양으로 건축하고 대학의 구심점으로 삼을 수 있었을 것이다.

최근에 교문 왼편부터 채플을 감싸고 오르는 언덕길에 가톨릭에서

1 김병화 작, 예수 이미지(감리교신학대학교)
2 교또, 도시샤대학교 채플 전경, 옆에 윤동주 시비가 있다.

사용하는 14처를 7처로 축소하여 설치하였다. '걸레예수 밀짚예수'를 제작한 조각가 김병화 선생의 작품이다. 성 화상에 부정적인 개신교단 중 하나인 감리교단의 종단신학교가 입상 조각품을 교내에 설치한 것은 한국 감리교의 포용성과 토착화 전통의 저력이라고 할 수 있다. 작품 소재를 FRP가 아닌 청동으로 제작했더라면 세월이 갈수록 그 질감과 색의 깊이가 더해갈 텐데 그 점이 아쉽다.

한 공간을 다용도로 사용할 수 있도록 효율성을 높이는 작업은 지속되어야 마땅하다. 그러나 교육기관에서 특정 목적의 공간이 지나치게 침해당하면 교육의 비효율성을 초래할 수밖에 없다. 이것은 공간 하나의 손실에서 멈추는 문제가 아니라 눈에 보이지 않게 조금씩 햇수를 거듭함에 따라 신학 교육에 심각한 결과를 초래할 수 있다는 점이다.

채플의 문제는 비단 국내 대학만의 문제는 아니지만 가까운 일본에서는 다른 예를 볼 수 있다. 기독교 신자가 많지 않지만 신자 아닌 학생들이 동아리처럼 대학 채플에서 성가대나 다른 채플이 주관하는 단체의 회원으로 활동한다. 채플이 마련하는 교육과 봉사, 여행 등 다양한 프로그램에 비신자 학생들이 자발적으로 참여하여 활동하는 모습을 볼 수 있다.

대학 측과 채플린은 채플을 통해 학생들을 신자화하는 데 제일의 목적을 두기보다는 모든 학생과 교직원이 흥미로울 수 있는 다양한 프로그램을 기획하고 제공해야 한다. 채플을 통해 얻을 수 있는 효과는 일방적인 참석 강요가 아니라 학생 교직원에게 흥미를 유발하고 이들이 자발적으로 참여할 수 있도록 하는 프로그램에 달려 있다. 종교에 관심이 생기고 종교를 갖기까지는 무엇보다 감성에 의한 체험에서 비롯되기 때문이다. 채플의 예산도 문제지만 채플린은 미술관의 큐레이터와 같은 역할도 해야 한다. 미션학교들이 이런 수고도 없이 학생들에게 채플 참석만을 강요하는 그 속내가 무엇인지 알 사람들은 다 안다.

1 동경 릿교대학 채플(성공회)
2 동경 릿교대학 2캠퍼스 전경 채플
3 동경 (George)대학교 채플(가톨릭)

신 학 대 학 채 플

수양관

부자 교회들은 휴양지에 수양관이나 기도원을 세우고 교인들의 복지와 교육을 위해서만이 아니라 다른 비기독단체들의 모임도 유치하는 수익 사업도 병행하고 있다.

다른 수련원과 차이가 있다면 교회직영 수양관 영역에서는 음주와 흡연이 금지되어 있고 곳곳에 십자가와 예수 그림이 붙어 있다는 점이다. 이곳은 거룩한 곳이니 이곳을 사용하는 모든 사람은 고성방가와 음주와 흡연을 하지 말고 머무는 동안 거룩하게 지내라는 뜻이다. 기독교 이름으로 이런 몇 가지 금기사항을 공고하면 화재의 위험도 줄일 수 있고 건물 관리가 용이해진다는 이점이 있다.

아무리 부자 교회라고 할지라도 교통 좋고 풍치 좋은 곳에 그럴듯한 직영 수양관 하나 없으면 교회의 인지도와 목사의 권위가 낮게 평가되기 때문에 위상을 높이기 위해서라도 교회는 직영 부속 기도원이나 수양관을 세우려고 한다. 어느 단체보다 대형 교회가 앞장서서 국

1 수양관 입구 '오직주님' 위의 쌍 십자가
2 수양관 내부
3 수양관 정면

토의 산하를 깎고 재활용하기 힘든 재료로 대형 건축을 한다. 그곳에서 나오는 폐수와 쓰레기로 주변 산하를 오염시키면서도 환경단체들과 함께 환경지킴이 운동을 하며 환경보전을 위한 설교도 하고 환경 세미나를 하는 모임에게 수양관을 대관해 준다.

치악산 근처 도로변에 산자락을 깎아 세운 대형 기도원이 있다. 기도원과 수양관, 교회의 모양새 차이를 구별할 수 없지만 수양관이라는 현판을 보고 내부를 보면 교회와 차이를 알 수 있다. 건물의 겉모양은 일반 교회 건물과 다를 것이 없지만 실내는 회중을 위한 의자를 놓지 않고 다용도로 사용할 수 있는 큰 강당으로 꾸민다. 넓은 실내에 앉아서 부흥회 목사님의 뜨거운 말씀도 듣고 불길 같은 통성기도도 하며 상황에 따라 일어서서 치유의 몸짓도 하고 한구석에서는 잠도 잘 수 있도록 한 것이다.

기성 교회들은 천장이 높고 넓은 성스러운 공간에 긴 의자 놓기를 고집하는 것일까. 의자가 없으면 사람들이 불편하여 출석을 기피하고 전도하기도 어려우며 권위적이지도 못하기 때문에 의자 없는 회중 공간을 견디지 못하는 것이다.

멀지 않은 옛날에는 안방에서 밥을 먹고 공기놀이도 하고 손님도 맞이하고 기도도하고, 밤에는 잠을 자고 섹스도 했다. 텅 빈 기도원의 높고 드넓은 공간은 가구들과 악기로 꽉 찬 교회 공간과 다르게 성과 속이 어우러져도 상관없는 안방 같은 자유로움이 들어 있어서 좋다.

그렇다면 겉모양은 왜 교회처럼 만드는 것일까. 오히려 교회보다 더 교회 같이 보이는 산 속의 수양관은 터와 건물을 예쁘게 조경하고 멋지게 건축했지만, 이로 인해 이 수양관은 파괴된 자연의 상처보다 더 흉물스럽게 보인다.

입구부터 실내 본당에 이르기까지 그 수를 세기도 힘들 만큼 붙인 십자가들은 더 이상 귀한 십자가가 아니다. 그것은 부적과 같은 경고의 표지며 경계의 표지다. 유교 건축물은 도시와 시골, 장소에 관계없이 불교 사찰처럼 화려한 단청도 없이 검박하며 단아하게 서 있다.

무엇이든 아는 만큼 보인다고 한다. 아이가 그린 엄마 얼굴에 귀가 없으면 그 아이는 아직 귀에 대한 인식이 없다고 한다. 아이는 성장하며 하나씩 배우고 익히겠지만 이미 성년이 된 한국교회는 무엇을 인지하고 가치가 있는지를 배우기도 전에 깨달음조차 멈추어 버렸다.

교회 건축 탐사

제국주의적인 팽창과 돈만 배웠다.

수양관에서 십 분 거리에 수양관에 있는 돌비석 크기의 '고판화 박물관' 비석이 서 있다. 수양관 비석에는 '은혜와 축복의 동산'이라고 새겨 있는 것에 반해 고판화 박물관 비석에는 '생각을 바꾸면 세상이 바뀐다'고 새겨져 있다. 어느 표어가 더 훌륭하다고 할 수 없지만 한국교회는 영원히 이런 표어를 사용할 것이다.

가까운 일본은 교회가 드물지만 선교사들이 전해 준 건물과 가구를 교체할 즈음에 국수적인 나라에서 작은 기독교 교인들의 힘만으로 교회를 그들 식의 디자인으로 하나씩 채워 가기 시작했다. 기독교 역사가 우리보다 깊지만 그들은 배움을 멈춘 우리와 다르게 뭔가를 지금도 배워 가고 있는 것이다. 하지만 한국교회는 교세 확장하는 법을 제외하고는 아무것도 배우려 하지 않는다.

이스탄불

세월이 더 가기 전에 기독교 신자들의 주요한 성지순례지의 일부인 에베소와 카파도키아, 이스탄불(비잔티움, 콘스탄티노플)을 둘러보았다. 이 글은 이 지역에 관한 짧은 성서 지식과 엷은 상상력에 의존하여 들르는 처소마다 단막의 단상을 한 것에 불과하다.

에베소에서는 그리스 신전 문화와 바울을, 카파도키아 사암 굴의 프레스코 벽화를 대하면서는 익명의 수도승들을, 이스탄불과 아야 소피아 건물에서는 콘스탄티누스와 유스티니아누스와 십자군 전쟁과 이 성당을 축조하기 위해 죽어간 수많은 민중을 상상했다.

제국이었던 덕분에 이런 유형의 문물들을 보러 왔으면서 가당치 않게 가련했던 제국을 비난하고, 생소한 이슬람과 무슬림들, 수피들의 춤과 발리댄스를 보며 오토만을 이해한 듯이 자세를 고쳤다. 막볼펜 한 자루 얻으려고 십리 길을 따라다니기를 마다않던 벽지의 청순한 소년들, 이스탄불 변두리 골목 사원 옆의 담배 연기로 질식할 작은 주

교회 건축 탐사

광활한 터키

막에서 형제의 나라에서 왔다고 술 따라 주던 콧 수염 아저씨, 그곳에
어울리지 않을 만큼 호화스러운 호텔 객실과 터키 퓨전 서양식 요리
가 여행했던 순서와 시공에 상관없이 머릿속을 헤집는다.

전부터 가 보고 싶었던 아야 소피아, 지금은 성당도 이슬람 사원도
박물관도 아닌 그냥 역사적 건물로 이스탄불(개인적으로 콘스탄티노플이
라는 이름이 더 좋다) 언덕 위에 여전히 그 자태를 드러내는 아야 소피
아 사원은 유스티니아누스 황제 말대로 솔로몬 성전보다 위대했을 것
이다.

과거의 도시에서 과거의 흔적을 바라보며 역사적 상상을 하는 현대
인은 자신을 시공과 인종을 거슬러 그 시절 그 백성으로 그 삶터의 한
가운데 서 있는 듯 자신을 상정한다. 가능한 자신이 그 시대 민중이었
기보다는 콘스탄티누스가 된 듯 어이없는 상상을 한다.

수피 춤

술탄의 궁에서 바라보는 푸르디푸른 창공 아래 보스포르 해협은 난
공불락이었음에도 힘없이 뱃길을 내 주었던 한낮의 허망한 제국의 흐
느낌을 감추지 못한다. 이스탄불 선상에서 바라보이는 베네치아의 변
두리 같은 이스탄불을 바라보며 생뚱맞게도 '사랑은 봄비처럼, 이별

1

2

1 이스탄불
2 아야 소피아 뒷편

은 겨울비처럼' 이란 노래 가사가 떠올랐다. 사랑과 이별은 이런 도시
에서 해야만 할 것처럼, 야릇한 물담배 맛처럼.

　카파도키아에서 이즈미르로 향하는 광활한 산야와 올리브 밭, 지역

　　　　　　　　　　　　　교회 건축 탐사

마다 시베리아와 홋카이도, 알프스를 짜깁기 해놓은 듯한 끝없는 산야의 하얀 눈은 터키의 넓이를 가늠케 한다. 서쪽으로 갈수록 유럽인처럼 변해 가는 얼굴들, 자궁 같은 사원의 돔과 그를 둘러싼 남근 같은 미나렛과 가부장 사회. 휴게소에서의 차와 뽀얀 양젖 요구르트, 치즈 조각을 유료 화장실에 배설하며 허물어진 오토만 제국의 술탄과 하렘을 상상했다.

대한민국의 흥망과 민주주의는 어디로 향하고 있는 것인지, 대한민국의 교회는 무슨 일을 했는지, 훗날 우리가 죽어 후손들이 한강을 바라보며 애통해 하지 않도록 기도한다.

카파도키아

귀에 익으면서도 낯선 카파도키아, 지리 역사를 공부한 시민들도 크게 관심 갖지 않으면 이 도시가 어느 나라에 있는지 잘 알지 못하는 도시다. 국내에서는 경제발전과 함께 기독교 성지순례 여행객들이 증가하면서 점차 알려지기 시작했다.

지형 변화로 인해 형성된 그랜드캐년처럼, 별나라 같이 형성된 터키 내륙 지역의 사암에 서기 500년 전 후의 비잔틴 시대 주민들이 더위와 추위를 피해 굴을 파 주거 공간으로 사용하던 집들이 군락처럼 모여 있는 도시다. 십자군 전쟁 때는 기독교인들이 박해와 죽음을 피해 지하 수백 미터까지 굴을 파고 카타콤 같은 미로의 공간을 만들어 예배드리고 생활하던 역사도 곳곳에 살아 있다. 경제적으로 윤택하던 비잔틴 시대에 타락한 도시 풍경을 견디지 못하고 수도승들이 칩거하던 곳이기도 하다.

카파도키아 사암굴 판토크레이토

사암은 굳은 모래와 같은 특성상 부드럽고 밀도가 약해 손가락으로

교회 건축 탐사

카파도키아 사암굴 판토크레이토 천정 프레스코

긁어내려도 쉽게 파지지만 반대로 긴 세월 비바람을 맞으면서 단단하게 되는 특성도 있다. 영국에는 사암으로 축조한 수백 년 된 교회들이 많다. 캔터베리 이야기에서 보듯이 순례자들이 자신들의 흔적을 남기기 위해 교회 기둥이나 벽면에 자신의 이름이나 기호를 파 놓은 흔적들이 군데군데 있는데 그것이 가능했던 것도 사암의 부드러운 특성 때문이다.

터키는 광활하여 내륙 카파도키아 지역 주민들은 유럽인과 아랍인의 중간쯤으로 보인다. 양귀비가 그토록 사랑했고 난을 일으켰던 '안록산'은 중국 한족과 아리안 족이 거주하는 중간 지점에 살던 사람이었으니 이목구비가 뚜렷한 미남이었을 것이다.

몇 년 전 카파도키아 사암굴의 프레스코 성화를 주제로 파리 대학에서 박사학위를 받고 귀국하여 강의를 하는 여성이 한 분 있다. 이제 한국에도 아이콘을 본격적으로 연구하는 사람이 생겼으니 국내의 중세 미술사나 신학을 하는 사람들이 많은 도움을 받을 수 있을 것으로 기대된다.

굴 내부가 어두워 플래시를 사용하지 않으면 촬영이 어려운데 플래시를 사용 못 하게 하니 카메라 성능이 좋아야 실사를 할 수 있다. 디지털 카메라라면 포토샵에서 작업을 하면 어느 정도 밝기 조절이 가능하다. 그런데 이 어두운 굴에서 플래시 없이 프레스코 벽화를 찍어도 밝게 나오는데 그 당시(비잔틴) 이들이 자연 채광을 어떻게 다루었

1 2
1 사암 굴 천정 십자가 프레스코
2 돔(둥근천정)의 십자가 프레스코

으며 왜 그 장소에 벽화를 그렸는지를 가늠할 수 있다.

　예수 판토크레이토와 성모자상, 그리고 십자가가 주된 주제지만 가끔 희랍신화가 기독교화되어 그려진 벽화도 볼 수 있다. 아직 기독교 교리가 지금처럼 굳건하게 형성되지 않았던 시대이니 지금 기독교 신자들의 눈에는 약간 이단 종파 같은 느낌도 받을 수 있을 것이다.

　형태는 균형이 없어 조악해 보이지만, 그 당시에는 아이콘 형상의 균형이나 조화가 중요했던 것이 아니라 신자들의 신심을 고양시키고 합심하게 하며 교육과 장식을 하기 위한 매체였다는 점을 상기하면 오히려 만화와 같이 그려진 벽화들이 아름답게 보인다.

　안료 문제로 붉은 단순 채색 십자가와 단순한 초록과 붉은 색조가 대부분이지만 사암 굴 내부 벽화의 화려함은 시선을 반듯하게 고정시키고 엄숙하게 만들기에 충분하다. 십자가 모양도 어쩌면 그렇게 다양할 수 있는지, 정교회 전통이지만 단순한 십자 형태를 다양하게 표현했다는 것이 바로 정교회의 예술 저력이다. 국내에는 그 어느 나라보다 교회와 십자가가 많지만 모두 한통속만 있어서 보기에 괴롭기까지 하다. 한국교회에 무엇을 더 기대할까 싶다.

1 **1,2** 사암종 입구와 교회
2

주를 기르시는 목자

찬송가에 '주는 나를 기르시는 목자요, 나는 주님의 귀한 어린 양~' 이라는 신학적인 내용의 가사가 있다.

서울 시청 앞을 가로지르면 청계천과 함께 '루미나리에'로 불야성을 이루고, 곁가지 나무들은 그 작고 수많은 장식용 전구들로 인해 고통스러워한다. 한밤에 이 장식을 지켜보는 바로 옆 고궁은 먹색으로 침묵한다. 과거(고궁)와 현재(루미나리에)가 분절 없는 한 공간에서 정서적으로 깊은 거리를 두고 있다. 시민들의 눈길과 발길은 더 이상 고궁에, 옛 것에 머물지 않는다.

〈금관의 예수〉에 '오, 주여 이제는 여기에'라는 가사가 있다. 신학성보다는 오히려 내용의 시각성이 강렬한 이 가사가 의미하는 '여기'는 어디를 말함일까. 대성당? 대형 교회? 청계천 시청 앞 광장? 그 옆 대형 크리스마스트리?

'이제는'이란 의미에는 그동안 주님이 딴 곳에 계셨다는 뜻이 담겨

루미나리에

있다. 주님께서 혹이라도 방금 전까지 휘황찬란한 대형 교회에 계셨다면 '이제는' 그러지 마시고 '천하고 굶주리고 억압받는 땅과 사람, 동물과 식물' 들에게 임재해 주시길 간원하는 의미다.

그동안 삯군으로서 자신의 명예를 위해 '주님을 열심으로 길렀던 목자들'로부터 떠나셔서 이제는 부디 '나를 기르시는 목자'로 돌아오십사 하는 간원이다. 루터의 표현을 빌면 '주님의 회심'을 간구하는 탄식이다. 그러나 주님은 맨 처음부터 주를 기르는 목자들을 불쌍히 여기시어 이들에게도 임재하셨으며 지금도 애통해 하시며 임재하신다. 이 순간에도 '주를 기르시는 저명하신 목자님들'께서는 '주님이 우리를 기르신다'고 가르치고 있다.

주님이 속히 이 땅에 오셔서 '새 하늘 새 땅'이 펼쳐지기를 기도하지만 정작 주님이 오시면 양을 잡듯이 주님을 잡을 사람들이 바로 '주를 기르시는 목자'들일 것이다. 세속적인 방법보다 더 추악한 방법으로 교회 정치를 해서 자신의 명예와 권력을 쥐게 된 지체 높아진 성직자일수록 교인들과 후배 동료들에게 명예와 권력은 헛되고 헛된 것이

교회 건축 탐사

루미나리에 성탄 트리(시청 앞)

니 하나님의 영광을 드러내기 위해서 세속적인 마음을 버리고 주님께 충성하라고 설교한다.

정작 누구의 영광을 위한 것인지 알 수 없지만 가끔 대형 교회를 신축하는 과정에서는 목사 장로가 노골적으로 '주님을 기르시는 목자' 가 되어도 이들은 교인들로부터 면죄부를 받는 정도를 넘어 유능하고 영력이 있는 목회자로 존경받는다.

온 누리에 주님의 빛(루미나리에)을!

한국교회 건축의 과거, 현재, 미래

들어가는 글

국내의 대도시를 중심으로 한 현대식 대형 건축물들이 축조되는 과정을 살펴볼 때 유사고딕으로 축조하는 여러 원인 중에는 초현대식으로 축조할 수 없는 건축 기술 부족이나 재료 문제로 인한 원인은 거의 없다. 유사고딕으로 축조하는 가장 큰 원인은 교회 양식에 대한 고정된 관념과 건축 경비 때문이다. 한국 기독교의 초기 수용 과정과 초기 한국교회 건축의 형태를 살펴보면 토착화의 일환으로 자연스럽게 한양 절충 양식들이 나타나지만, 주된 양식은 네오고딕을 근간으로 하여 이를 변형시킨 유사고딕이 오늘날까지 한국교회 건축의 형태로 자리매김을 했다는 점이다.

이 글의 주된 목적은 한국 개신교회가 세계 기독교계에서 주목할 만큼 이기적이며 편협하고 왜곡된 제국주의적인 선교를 수행하고, 교회의 규모로 목회자의 권위를 가늠하는 보수적 성향의 몇몇 중대형 교회들이 신도시 지역에 지점과 같은 지교회를 건축할 때 경쟁적으로 유사고딕 양태의 대형 교회 건물을 축조하는 특이하고 기형적인 현상을 비판하는 데 있다. 이렇게 세워진 교회 건물들은 다른 신축 교회 건축의 외형 만들기에 지대한 영향을 주고 있다는 점을 지적하려는 것이다.

서양의 선교사들이 무슨 이유로 네오고딕 형태를 한국에 이식하려고 했던 것인지, 그 신학(사상)적인 당위성이 있었다면 그것이 무엇인지, 그리고 한국인들은 어떤 이유로 그러한 서양 건축 양식을 그대로 수용했는지, 그동안 이런 현상에 대한 비판적인 시각은 있었던 것인지, 그것을 수용하게 된 신앙 양태의 특성이 무엇인지와 함께 그 신앙 양태의 특성이 오늘날까지 지속, 발전하게 된 원인도 동시에 밝혀야만 유사고딕이 한국에 자리하게 된 제 원인을 총체적으로 밝힐 수 있는 것이다. 교회 건축의 형태는 역사적으로 교단과 교파의 교리(신학)와 밀접한 영향이 있다. 연구 목적에서 제시한 서양 선교사들이 고딕 양식을 이 땅에 이식했던 이유와 국내에 유사고딕이 유행하게 된 여러 가지 동인에 관한 사항은 이 논문에서는 밝히지 않는다.

이 논문은 교회 건축사적인 측면에서 국내 교회 건축 양식의 변천 과정과 유사고딕 양식에 관한 양식적인 비판이다. 연구 범주는 네오고딕 양식의 초기 건축물이며 가장 대표적인 건축물이라고 할 수 있는 가톨릭 명동성당과 비잔틴-로마네스크풍의 성공회 서울 주교좌 성당의 축조 과정을 살펴봄으로써 초기 한국교회 건축 양식에 미친 서양 선교사들의 힘과 그들의 선교 신학적 저의를 파악하려고 한다. 명동성당에 관한 것은 작은 소논문으로 '후주'에 첨부한다. 이것은 외국 선교사가 건축의 주체가 되어 한국에 서양 건축 양식을 그대로 이식한 것을 비판한 내용이다.

한편 교단에 관계없이 최근에 네오고딕을 기초로 하여 축조된 국내의 변형된 유사 네오고딕풍의 대표적인 대형 교회 건축물 몇 개를 임의로 선정하여 그 건축물들이 갖고 있는 공통적 양식의 특징을 찾아 비판하려고 한다. 건축사 맥락에서 1900년대 초기 한양절충양식이나 일제 강점기 하의 교회 건축물들, 그리고 해방 이후 급격히 양적으로 팽창함으로써 짧은 기간에 무수히 축조된 교회 건축물들의 양식 변천 과정에 관한 구체적인 것은 이 논문에서 다루지는 않지만 대체로 개신교회 건축물들이 이 경우에 해당한다. 단순하게 과거와 현재, 두 시점을 연구의 주된 범위로 삼고 컨셉트(concept) 교회로써 미래 교회의 이미지를 간단하게 제시해 본다.

고딕의 기원

건축에서 특정한 건축 양식의 시종 기간을 정하는 것은 학자마다 다르다. 시대가 변하여 다른 건축 양식이 새롭게 태동되어도 어떤 건축물은 여전히 종전대로 축조되기 일쑤다.

중세유럽 교회 건축의 백미로 불리는 고딕(Gothic) 양식의 시작은 프랑스 파리 근교에 있는 생 드니(St. Denis) 수도원의 원장이었던 쉬제(Abbot Suger)가 수도원 성가대 부분(1140-44)을 개축했던 그 시점으로 삼는다. 미완성인 채 남아 있었던 피렌체 두오모(Duomo) 성당의 돔을 블루넬리스키(Brunelleschi 1377-1446)가 설계하여 완성했던 시기(1420-36)를 르네상스의 시작으로 본다면 대체로 1140년부터 1420년까지를 중세 고딕 양식의 시대라고 볼 수 있다.

사상사적인 측면에서는 스콜라주의 학자 로스켈리우스로부터 시작(1090년경)된 실재론 주장자들과 유명론 주장자들 사이의 논쟁이 아벨

라르(Abelard 1079-1142)를 거치면서 보편주의(Catholicism)가 막을 내리고 개별성을 중시했던 르네상스를 맞이하기 직전의 시점까지로 볼 수 있다. 사상과 예술에서의 르네상스의 시점은 루터의 종교개혁 시작, 혹은 에라스무스나 셰익스피어, 미켈란젤로와 같은 인물이 활동했던 시점으로 삼는 학자들도 있으나 연대기적으로는 크게 다르지 않다.

유사고딕

여기에서 유사고딕(類似 Gothic)이란 용어는 필자가 창안하고 정의한 것으로서 중세 유럽의 고딕 양식을 복고하려고 했던 네오고딕(Neo-Gothic, Gothic Revival) 양식을 기초로 하여 고딕의 형태를 부분 변형시킨 다양한 형태의 고딕풍의 건축물을 지칭한다.

유사고딕 양식이란 일정한 양식을 갖추고 있지 않기 때문에 실제로 양식이란 이름을 붙이기에는 미흡하다. 네오고딕은 중세유럽 고딕 양식을 원형으로 삼지만, 유사고딕은 고딕의 복고 양식인 네오고딕이 지니고 있는 일정한 여러 형태 중에서 한두 가지 특징적인 것만 외형적으로 혼합하여 축조하는 건축물을 지칭한다. 즉 유사고딕은 원고딕보다는 오히려 후대의 네오고딕 양식을 기초로 하여 변형시키는 경우가 대부분이다. 일반 시멘트 교회 건물의 벽체 창문은 고딕식 첨두형으로 만들고 첨탑을 높이 세우는 경우도 포함한다. 이러한 유사고딕 형태는 세계 그 어느 나라보다도 한국교회 건축에서 많이 나타난다.

과거 : 한국교회 건축 약사

1922년 한국 성공회 3대 주교였던 영국인 마크 트롤로프(Mark N.

Trollope, 주교재직 1911-1930)는 서울 덕수궁 내 경학당 자리를 성공회 성당의 입지로 정하기 전인 1914년에 이 입지를 가리켜 '사방 어느 곳에서도 잘 보이는 서울 시내 한복판에 위치한 곳'[1]이라고 적고 있다. 특히 정동 지역은 주로 서양 선교사들과 외교사절들이 정부로부터 신변의 보호를 받으며 기거하였던 특수 구역이었다. 1882년 한미수호조약 체결 후 1884년 초대 주한공사 푸트(L. H. Foote)가 정동에 있던 민계호의 저택을 구입하여 공사관으로 사용하고 영국공사관과 러시아공사관이 덕수궁 주변에 자리 잡으면서 정동이 점차 외교 중심지가 된 지역이다. 장로교 선교사였던 언더우드 목사와 알렌, 감리교의 스크랜턴과 아펜젤러, 성공회와 구세군의 선교 본부도 정동에 정착하였다.

서양 선교사들은 정부로부터 신변을 보호받을 수 있는 정동에 거주하면서 이곳을 한국 속에 서양의 기독교 왕국으로 만들어 갔다. 이때부터 한국에 서양식 건축물들이 본격적으로 축조되는데 대표적인 교파 건축물로서 가톨릭에서는 명동성당(1892), 개신교에서는 장로교 새문안교회(1895)와 정동 제일 감리교회(1897), 성공회 서울 대성당(주교좌 성당

1 성공회 서울 주교좌 교회
2 성공회 서울 주교좌 교회 내부

1 가톨릭 명동성당
2 가톨릭 명동성당 내부
3 정동감리교회

1926)이다. 1890년대부터 1930년대 사이에 국내에 건축된 대표적인 최초의 서양식 교회 건축물들이다. 이 건축물들이 한국교회 건축 양식에 미친 영향은 지대했다. 가톨릭 명동성당은 남산 기슭 '명례방'에 있는 순교자 '김범우'의 집터에 세운 것이라고는 하지만 한국의 풍수설에 역행하여 산을 깎아 건축한 교회이다.[2)]

건 축 과 신 학

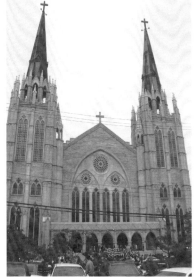

1 영락장로교회(통합)
2 충현장로교회(합동)
3 영락장로교회 내부

1950년에는 장로교 통합 측의 대표적인 교회라고 할 수 있는 영락
교회가 네오고딕 양식으로 건축되었으며, 또 합동 측의 충현교회는
1980년에 현재의 교회 건물을 건축하기 시작하여 8년 만에 완성하였
다. 영락교회의 건축 양식은 그 후에 한국의 많은 개신교 건축 양식에
지대한 영향을 주었는데, 1950년대부터 1970년대까지 약 20년 동안
건축된 교회의 상당수가 네오고딕풍으로 건축된 것을 볼 수 있다.3)

1960년대는 한국 신학의 토착화와 세속화 논쟁이 활발하던 시기였음에도 불구하고 60년대에 축조된 교회 건축물들도 대부분 서구의 네오고딕풍으로 건축되었다는 것은 한국 신학계의 논쟁이 일선 교회목회자나 신자들에게까지 영향을 미치지 못하고 신학교 안에서만 일어난 이슈였다는 반증이다.

1970년대 후반은 네오고딕과 이 양식을 현대적으로 변형한 또 다른 유사 네오고딕, 그리고 현대적 건축물이 동시에 축조되는 실험적이며 현대 건축을 향한 교회 건축 양식의 과도기였다고 할 수 있다. 교단 및 교파별로 선호하는 정해진 특별한 양식이 있는 것은 아니지만 대체로 장로교회들은 영락교회의 영향을 받아 네오고딕풍의 건축물을 선호하였다.

1980년대 후반부터 가톨릭교회와 몇몇 개신교회가 현대 미학적 표현주의 건축 양식을 취하면서부터 다양한 양식이 출현하고 있음에도 불구하고 뾰족탑 양식으로 각인되어 있는 교회 이미지는 쉽게 변하지 않고 있다. 여전히 오늘 한국의 교회 건축 양식의 주류는 유럽이나 미국의 식민지 경험이 없음에도 불구하고 국적이 불분명한 혼성모방적인 유사 네오고딕풍의 서구양식이다.

현재 : 신도시 지역4)

1990~2000년대에 서울 근교에 대단지 신도시가 형성되기 시작했다. 서울의 중산층 다가구가 신도시로 이주함에 따라 서울 시내의 몇몇 대형 교회는 교회 자체를 신도시로 옮기기도 하였다. 그러나 대부분의 대형 교회는 기업이 분점을 차리듯이 지교회(支敎會)를 신도시 안

에 서로 경쟁적으로 신축하였다. 특히 신도시들 중에서도 분당과 수지 지역에 위치한 몇몇 대형 교회 건물(사진 참조)은 입지와 건축 양식의 측면에서 몇 가지 공통적인 특성을 지니고 있는데 다음과 같이 정리할 수 있다.

첫째, 입지 선정과 건축 과정 중에 심각한 환경 파괴를 초래하는 문제다. 최근 축조된 대부분의 대형 교회들은 외형이나 건축 재료, 규모 면에서 입지의 주변 환경과의 조화를 고려하지 않은 채 축조한 경우가 많다. 이것은 교회들이 신도시가 형성된다는 정보를 갖고 투기적 심리로 땅을 선점한 경우와 신도시가 형성되는 과정 중에 지가(地價)가 급등하기 전에 종교 부지 용도로 매입한 경우다. 이렇게 매입한 땅은 대부분 거주지보다 지가가 낮은 논과 산, 밭으로 거주지와는 일정 거리에 있다.5) 경우에 따라 교회 입지가 논 한가운데, 혹은 산등성이에 자리 잡았다는 것만으로 자신들의 교회를 '친환경적'인 건물로 인식하는 경우도 있다. 그 지역이 정주지로서 갖추어야 할 설비가 구축되기 전에 축조된 대형 교회에서 배출하는 오수는 완전 처리되지 못한 채 하수구로 흘러 그 지역의 환경 오염의 주범이 되지만 이것에 관한 교인들의 환경적 보전에 관한 도덕 인식은 부족하다.

둘째, 교회론에 관한 문제다. 신도시에 건립한 몇몇 대형 교회는 거주 지역에서 상당한 거리에 있기 때문에 그 지역 사회 및 주민들과 유기적인 관계를 맺기가 어렵다. 지금은 거주 지역과 상업 지역이 확장되어 건립 당시보다는 주민들의 동선이 좁혀졌음에도 불구하고 여전히 거주 지역과 먼 거리에 있어서 자동차 없이는 교회 출석이 어려운 상황이다. 신도시 초기 입주민들은 주변의 논 한가운데와 산등성이에 있는 이러한 대형 교회를 '특정 신앙인들의 이기적인 집단공동체'라고 부정적인 인식을 갖게 되었다. 거주 지역과 상업 지역이 확장되면

1	3
	4
2	5

1 판교 은혜와진리교회
2 수원 시온소교회(장로교회)
3 과천 가톨릭교회
4 분당 가톨릭교회
5 신림동 웨딩홀

건 축 과   신 학

1 2

1 산본 가톨릭교회
2 산본 감리교회

서 주민들의 이러한 인식이 무관심으로 묻혀 있다가 분당 샘물교회의 아프가니스탄 사건 이후 다시 심화되었다. 이것은 '지역 공동체'를 기반으로 하는 전통적이며 변할 수 없는 교회론의 보편적 본질에 반하여 지역성보다는 팽창주의에 본질을 둔 교회론을 근간으로 축조되었다는 점이다. 교회가 대형화됨으로써 불가불 발생할 수밖에 없는, 교인들이 부담해야 할 건축헌금까지 생각한다면 '가난한 자'를 섬겨야 할 교회 이미지는 변질될 수밖에 없으며, 이것은 곧 기독교의 정체성에 대한 위기로 이어질 수밖에 없는 것이다.

셋째, 건축과 공간의 토착화 문제다. 교회 건물의 외형부터 예배를 위한 내부 공간에 이르기까지 한국교회는 한국의 전통문화와의 그 어떤 접목도 없이 축조되고 있다는 점이다. 이 문제는 비단 신도시 지역의 대형 교회뿐만 아니라 최근 신축되는 대부분의 국내 교회 건축들의 양태도 예외는 아니다. 한국인의 최소한의 정서조차도 무시된 채 축조되고 공간을 장식한다. 한국인이 이러한 공간 체험에서 형성되는 이질적인 종교적 정서는 또 다른 키치적인 양식과 공간을 계속 생산해 낼 수밖에 없다.

넷째, 건축의 혼성모방적인 키치적 특성을 들 수 있다. 키치 자체는 예술의 한 장르로써 그 가치가 인정되고 있지만 이것이 혼성모방으로 조화롭지 못하게 삽입될 때 값싼 예술, 싸구려 건축이 된다. 몇몇 신도시 대형 교회의 외형적인 양태는 최근 국내에서 유행하고 있는 디즈니랜드 형태와 유사한 유치원, 러브호텔, 웨딩 홀의 외형들과 유사 고딕의 특징을 공유하고 있다는 점이다. 중세기 유럽의 고딕은 양식과 공간, 구조에 이르기까지 예전 집전이라는 기능 수행에 적절한 양식으로써 당대의 신학적 보편성(Catholicism)을 담아내는 당위성을 확보했었다. 변질된 고딕풍의 혼성모방적인 키치 양식이 유행하고 있다고 할지라도 그것이 오늘날 한국교회의 보편성을 표현하고 있는 것은 아니다. 보편성은 지역마다 그들만의 전통성에 기초하는 것이다. 세계화 물결 속에서 한국의 정신을 표현할 언어를 개발하는 문제는 비단 교회 건축 문제만이 아니라 모든 디자인 분야에서 풀어내야 할 당면한 과제다.

미래

공간을 기능별로 나눈다면 영적 공간(종교 건물), 지적 공간(교육 건물), 문화 공간(예술체육 건물)으로 구분할 수 있다. 과거의 교회는 신자들이 모여서 기도하고 하나님께 찬양하며 친교를 나누는 종교적인 예배와 영적 기능만을 수행했던 것이 아니다. 오늘의 박물관이나 미술관, 음악당과 같은 역할을 동시에 하고 있었다. 교회는 시각 작품으로서 제단화와 성인 조각물, 그리고 그들의 유품들이 안치되어 있는 상설 전시관이었으며, 스테인드글라스(색 유리창)의 조명은 그 전시장의 신비감을 더해 주기도 했다. 한편 교회 성가대, 혹은 소년합창단의 그레고리안 찬트와 오르간 연주자의 파이프 오르간 연주도 감상할 수 있는 곳이었다. 교회는 당대의 영적·지적·문화적 기능이 한 공간에서 동시에 일어나는 집이었다고 할 수 있다. 루브르 궁전의 축조와 함께 1793년 개관한 루브르 미술관이 교회의 과거 기능을 대신하기 시작했던 것처럼, 오늘날에는 학교, 박물관, 미술관, 음악당이 각각 독립적으로 여가 문화를 창출하며 동시에 시민의 커뮤니케이션의 장소로서 새롭게 자리를 잡아가고 있다. 오늘의 교회는 과거의 문화 종합 공간으로서의 기능을 잃은 이후 몇몇 지역 교회는 지역 사회의 열린 문화 공간으로서의 기능을 회복하고자 다양한 프로그램을 제시하고 있으나 이미 분업화된 현대 사회에서 교회의 이러한 노력이 얼마나 효과가 있을지는 미지수다. 그럼에도 주5일 근무제에 따른 여가 문화를 교회에서 수용하려는 순기능적인 노력은 지속되어야 한다. 대형 교회 지향만이 능사가 아니라 오히려 상업 공간 안의 임대 교회를 교회 건축의 한 장르로 정착시켜 가는 것이 바람직하다고 본다. 좁은 국토에 천문학적인 건축비를 들여가며 건축하기에 앞서 상업 건물을 잘 활용하면 큰 경비를 들이지 않고도 교회 기능을 수행하기에 적절한 공간 분절을 할 수 있으며 상황에 따라 유동성 있는 공간을 창출해 낼 수 있는 이점이 있다. 미래의 컨셉트 교회란 단지 외형적인 양식의 문제가 아니라 친환경적 재료, 주변과의 조화, 지역과의 유기적 관계, 최소의 경비, 한국의 언어로 축조하여 최대의 기능적 효과를 창출할 수 있는 교회일 것이다.

대안적 맺는 글

시기적으로 건축술의 문제가 있었겠지만 한국의 기독교는 전래 이후 박해 시기를 거치는 동안 예배 처소로서 한국의 전통 민가를 사용했다. 가톨릭의 명동성당, 성공회의 서울 주교좌 성당, 감리교의 정동교회에서 살펴본 것처럼 서양의 선교사들은 스스로 건축의 주체자가 되어 서양식 건축물을 이 땅에 이식했다. 일제 강점이 한창이던 1920년대 서울 장안에 서양식 건축물이 한창 축조되던 때에 세워진 한양절충 양식의 교회 건축물이야말로 한국교회 건축 토착화의 시작이었다고 할 수 있다. 그 후 이러한 양식이 사라지고 네오고딕을 근간으로 하는 교회 건축물이 축조되어 상당 기간 이러한 양식을 유지하다가 최근에는 이것을 모방한 조악한 유사고딕 형태의 키치(Kitsch)적인 교회 건축물들이 전국에 유행처럼 축조되기 시작했다.

최근 서울근교 신도시를 중심으로 축조된 대형 교회 건축물을 보면 가톨릭, 개신교회를 막론하고 몇 가지 공통점이 있다. 양식적인 측면에서 이 건축물들은 모두 네오고딕을 근간으로 한 유사고딕이지만 각각의 교회들은 양식 면에서 차별성을 두고 축조하고 있다. 이런 혼성모방적인 양식들은 신학적이며 영적 성찰에서 구축된 것이 아니라 대중들이 선호하고 있는 키치적인 정서를 활용한 건물이라고 할 수 있다. 목회 성공을 가늠하는 척도를 교인 수와 교회 건물의 규모, 교역자 사례비에 두고 있는 풍토에서 이러한 몇몇 대형 교회는 전국 목회자와 교회에 미치는 영향이 지대하다는 점에 유의하고 건축적 도덕성을 인식해야 한다.

각 교단에 적절한 건축 양식과 예전적인 공간 구성을 마련하는 대안은 단순하지 않다. 우선 목회자와 신학자를 포함한 교회 구성원들의 건축과 예배의 관련성에 관한 인식이 필요하다. 이것은 이와 관련된 교육을 통해서 가능할 것이다.

첫째, 교단이 지향하는 신학과 그것을 담아내는 예전과 예전을 표현하는 건축은 유기적인 것이다. 건축가 설리반은 '형태는 기능을 따른다'라고 했다.

둘째, 기성 교회들의 대형화 지향에 대한 반성이 있어야 한다. 교회가 지역 사회와의 유기적인 관계성 없이 환경을 파괴하면서 축조하는 행위에 따르는 사회적 비난과 교회에 관한 부정적인 이미지는 차치하더라도 이러한 행위 자체가 적그리스도적이며 비신학적이고 환경 파괴적 행위임을 인식해야 한다. 모든 교회는 신앙공동체라는 이름 아래 이기적인 신앙 집단으로 전락하는 것에 대한 긴장을 늦추어서는 안 된다.

셋째, 신학교의 교육 내용과 교과 과정 문제다. 서양 선교사로부터 이식된 근본주의 신학적 성향과 정복 지향적인 선교 신학을 극복하지 못하는 한 혼성모방적인 서구식 키치 건축물들은 지속적으로 축조될 것이라는 점이다. 여기에는 건축가의 자질 문제도 있다. 신학이나 예전에 무지한 채 자신의 차별성을 드러내고자 하는 건축가의 표현 욕망과 건축주(建築主)의 키치적인 성향이 결합하는 순간 키치적인 천박함은 배가되는 것이다.

넷째, 이렇게 천박한 건축 양식들에 관해 많은 교인과 시민이 호감을 갖고 애용하고 있다는 점이다. 이것은 서구 사대주의 심성에 근간하여 끝없이 특이한 것을 찾아 방황하는 자아의 사회적 불안정성과 어린 시절의 바람직하지 못한 예능 교육 등의 문제가 이제 드러나고 있는 것이라고 할 수 있다. 한국교회 건축은 잠시 한양절충 양식이라는 토착화 초기 과정을 거쳤지만 오래 지속되지 못하고 서구 건축에

밀려 더 이상 양식과 공간 장식 모든 면에서 토착화의 진전을 이루지 못하였다. 세계화 속에서 지역성과 주체성을 드러낼 수 있는 문화 코드를 창출하기란 쉽지 않지만 그렇다고 덮어둬서는 안 될 과제다.

교회 내부 공간과 성 가구

들어가는 글

이스라엘 백성은 출(出)-이집트를 한 이후 이집트 식민치하에서의 고생했던 노예시절을 잊지 않기 위해 일정 기간 금식을 했다. 고생했던 기억을 잊지 않으려 한 것은 두 번 다시 노예가 되지 않기 위해서였다. 이것은 '잊지 않음, 기억'을 통해 교육하는 것이다. 독일은 자신들이 처참하게 자행했던 유태인 학살을 잊지 않고 기념하기 위해 아우슈비츠 시설물을 보존하여 전 세계에 개방하고 있다. 대한민국은 일제 강점기를 기억하기조차 싫다면서 경복궁 복원을 명분으로 중앙청 건물을 폭파해 흔적도 없이 사라지게 했으면서 시청 건물은 살리느냐 죽이느냐 논쟁하고 있다.

예수께서 제자들에게 '나를 기억하고 기념하여 이 예를 행하라'고 하신 말씀을 기독교인들은 잊지 않고 되풀이함으로써 예배 때 최후만찬 기념의 성체성사를 한다. 주님도 당신을 잊지 않고 기억하고 기념해 주길 바라셨다. 반복되는 예배는 잊지 않기 위한 기억을 환기시키는 장치이며 이 예배라는 장치를 통해 예수 그리스도의 가르침을 교육하는 것이다.

선친이 별세하시면 그 기일을 잊지 않고 기념한다. 생일, 결혼기념일은 그렇다 치더라도 요즘 젊은이들은 애인을 만난 지 삼십 일이니 백 일이니 하면서 별의별 것을 다 기념을 한다. 특정한 기억은 공공적인 것부터 사사로운 일에 이르기까지 다양하며 거기에 부여하는 의미 층도 다양하다. 그 기억이 긍정적인 것이든 부정적인 것이든 기쁘고 행복한 것이든 불행하고 참혹한 것이든 사람들은 애써 기억을 하고 기념함으로써 기억을 회상하며 즐거워하거나 교훈으로 삼는다.

요즘은 디카 대중시대라서 모두가 사진기록작가다. 왜 죽어라고 찍는 것일까? 가끔은 찍고 지우는 것이 목적일 수도 있겠지만 대부분 자신이 머물렀던 흔적의 시공을 기억하고 기념하기 위해서 찍는다. 여행가면 그 지역 특산물이나 물건을 수집해 와서 기념을 한다. 귀가하여 수집한 물건을 정리하며 들여다보는 행위는 프루스트(1754~1826)의 『잃어버린 시간을 찾아서』의 '스왕 씨네 집 쪽으로'에서 마들렌느를 홍차에 찍어 먹으며 스치던 생각과 다르지 않다. 이것은 회상이다. 회상은 기억처럼 교훈적이기보다는 낭만에 가깝다.

요즘 대기업들은 세계 우수 건축가들의 건축물을 수집한다. 삼성의 리움 미술관이 그러하고 이화여대 정문에서 캠퍼스로 진입하는 신축 건축물이 그러하다. 이 건물을 설계한 특정 외국 건축가와 공공적으로 기억할 사건과 역사가 대한민국 국민들에게 없기 때문에 그러한 건축물은 어떤 사건이나 작가를 기억하고 기념하는 것이 아니라 그 작가의 작품을 소장하고 있다는 자랑을 기념하는 것이다. 아직 국내 교회는 국내 저명한 건축가 설계로 축조한 건축물은 있으나 세계적으로 저명한 건축가의 설계로 축조 수집한 교회는 드물다. 하지만 서양의 과거 양식을 모방하여 건축한 교회 건물은 상당히 많다.

르네상스 시기에 메디치 가문이 미술품을 수집하여 가문을 과시한 것부터 대영박물관은 물론 제국시대 설립된 동물원과 식물원은 제국주의의 대표적인 산물이다. 영국에 이집트 무덤을 고스란히 옮겨놓고 아프리카 사자를 가두어 키워야 할 이유가 무엇인가? 그것은 그 나라를 정복한 전리품을 자국민들에게 보여 줌으로써 국력을 과시하고 침략을 기억하며 기념하기 위해서였다. 최근 국내에 오래된 문화재급 교회는 저마다 전시관이나 자료관을 만들어 수집품을 전시하고 있다. 선교사가 사용하던 물품을 위시하여 어디서 어떻게 구했는지 모를 불가타 성경책과 고색창연한 바로크 십자가까지 무엇을 기념하려는 것인지 작은 박물관을 방불케 하는 곳도 있다.

오늘날까지 전 세계 교회는 2천 년 전 근동지역에서 발생했던 기독교를 자신의 국가에 안치당했거나 안치하고 예수 그리스도를 기념하기 위해 유형의 건축을 축조하고 그곳에 모여 예배한다. 이스라엘 지역의 종교를 한국에 안치하고 성장시켜 가야 할 이유가 무엇인가? 다행히 교회는 동물원, 식물원이 아니지만 종교 특히 기독교의 제국성은 선교지 국민의 가치관까지 지배한다.

인간은 자신에게 유익한 것, 몹쓸 것, 유형·무형의 것들에 나름대로 의미를 부여하고 그것을 수집하여 분류하고 저장하며 기억하고 회상하며 기념하며 살아간다. 기념에는 기억과 다르게 행사(儀式)성이 강하며 자발적인 개별적 기념과 단체적이며 공공적인 국가주도의 강제 반강제적 기념이 있다. 동물원과 식물원은 무의식적으로 자국민들에게 제국주의의 우월성을 기억 속으로 침투시키는 은밀하며 음모적인 국가의 기념비적 산물이다. 국교회를 제외한 교회는 개별적이며 공동체적인 밀도 높은 기념을 통해 체험하지 못했던 2천 년 전의 예수를 환기시킨다. 가장 효과적으로 예수를 기념하기 위해 교회는 극적인 예배를 연출하는 데 이것이 일정 기간 반복되면 매너리즘적인 아이콘이 되고 예전이 된다.

따라서 예전 안에는 기독교와 교파, 교단과 개교회의 특성이 스며 있으며 그 역사성으로 인해 다양한 의미들이 요소마다 축약되어 있는 것이다. 교회는 이 예전을 통해 단순히 하나님께 예배하는 것에만 그치지 않고 그 의미를 교육함으로써 신자들의 신심과 영성을 고양시키며 기독교에 관한 지식까지 전달하게 되는 것이다. 신자들은 어떤 예전을 누구에게 어떻게 교육을 받는가에 따라 신앙적 특성이 형성되며 한 번 고착된 그 특질은 쉽게 변화하지 않는다. 가톨릭 신자들이 개신교회 예배를, 개신교회 신자들이 가톨릭 예전을 서로 낯설어하며 경계하는 것은 이러한 이유 때문이다. 이 점에서 예전교육은 창조적이며 다문화적이고 포용적이기보다는 교단과 교회가 적극 개입하는 주입식 교육이다. 또 반복되는 매너리즘적인 예배를 통해 신자들의 신앙도 고착화시켜 간다. 교회는 이 점을 활용하여 자신의 교세를 확장시키며 자신의 것이 가장 가치가 있는 예배라고 선교한다. 그러나 교회 내부의 공간구성이나 그 예배의 구성도 서양 것의 변주다. 국내 기독교 역사가 한 세기를 넘었지만 예배에서 한국 것을 기념하는 건 차치하고 형식에서조차 한국 것을 찾기란 용이하지 않다.

국내 개신교회에서 예전에 관해 가장 활발한 연구와 운동을 하는 곳은 감리교 이정훈 목사가 주관하고 있는 '성실문화'가 있다. 여기에서 계간지 『예배잡지』를 발간하는데 이 잡지 내용 구성은 교회절기에 따른 그 상징 의미를 해석하고 창조적인 예배와 토착화 예배를 구성하고 발표하며 교회력에 따른 설교 주석과 영성 교육 및 교회 공간 구성, 예배극에 이르기까지 망라한 종합 비타민 같은 예배 전문 계간지다.

이 글은 예전이 진행되는 개신교회 건축물의 내부 공간 구성과 성 가구에 관해 의미를 설명(교육)함으로써 신자들이 예전을 잘 이해할 수 있도록 돕는 데 그 목적이 있다. 한편 한국적인 성 가구 디자인을 구상해 보며 교회 건축과 성 가구에 관한 기독교인들의 미적 안목을 고양할 수 있기를 바란다. 그 설명의 방법은 전통적인 서양의 도상학적 해석과 한국적 예배의 토착화를 위한 비판적 해석을 해보려고 한다. 이 글에서는 교회력과 교회 본당 건물의 외부공간은 제외하고 내부 공간과 성 가구만 다룬다.

예배

모든 종교는 정해진 예배를 집행하기 위해 특정한 공간에서 기도하고 찬양하며 친교하고 성만찬(기독교)을 나누고 말씀을 듣기 위한 집을 마련한다. 그 예배는 참석자의 기호와 취향에 따라 그 형태나 의식을 느닷없이 변경하거나 다른 형태의 예배를 취사선택할 수 있는 것이 아니다. 예배는 종교마다 그 나름의 역사적 산물이고 신앙의 표현이며 이것을 통해 신자들은 신에게 간구하고 찬양하며 동시에 자신과 공동체의 믿음을 더 깊게 한다.

예배는 건축, 예술, 예복, 장식, 가구를 필요로 한다. 예배(worship)라는 단어는 worth ship의 합성어다. 이 단어의 어원은 gossip와 크게 다르지 않은데 이것은 God ship이 단축된 말이다. 이것은 'Your

Worship'으로서 특별한 분에게 공적인 가치를 부여할 때 사용하는 말이기도 하다. 예배를 통해 사람은 신성에 대한 인식을 하게 된다. 그러므로 거룩한 종교 건물과 공간, 성물들은 절대자의 신성을 담지 하게 되는 것이다.

예배는 기독교인들의 신앙적 체험에서 비롯된다. 초대 신앙공동체의 교육, 어려운 이웃과 지역사회에 봉사하기를 선포했던 회당과, 나눔과 친교의 다락방 식사, 그리고 대속하시고 승천하신 주님을 기념하며 함께 빵을 떼고 서로 친교를 나누는 성만찬 예식이 집행되는 곳이 교회다.

공간

교회 공간을 기능적으로 분절하면 서양 교회의 전통에서 지성소(제단)과 회중석, 그리고 성가대석과 현관으로 대분할 수 있다. 이것은 국내 교회에서 분절한 것이 아니라 초대 바실리카 양식에 기독교 예배를 적용하면서 자연스럽게 형성된 공간이다.

예배 공간에서 사용되는 가장 중요한 것이 성 가구다. 말씀 선포와 성서 독서를 위한 설교대와 독경대, 성만찬 집행을 위한 제대, 세례대, 회중의자와 집전자 의자, 그리고 전례적인 교회라면 성물로서 제대용 촛대와 순행 십자가를 들 수 있다. 그 밖에 헌금함, 주보꽂이에 이르기까지 성 가구 범주에 들 수 있는 것은 다양하다. 특히 성 가구는 용도가 특별하기 때문에 일반 가정용 가구나 사무용 가구와 구별되며 특별한 디자인이 요구된다.

성 가구는 교단마다 정해진 예배 의식을 집행하기에 적합하도록 디자인되고 제작되어 예배 공간에 적절히 배치된다. 성 가구 배치에는 일정한 규칙이 있는데 그 기원은 초대 바실리카 공간 배치를 시작으로 중세기를 거치면서, 가톨릭교회는 바티칸 제2차 공의회를 통해 큰 변화 없이 오늘에 이르고 있다. 동방교회는 초대교회 이후 이미지 논쟁을 수차례 거치면서 회중석과 유리된 칸막이(이코노타시스) 안쪽에 제단을 배치하는 것이 상례다. 개신교회는 종교개혁 이후 시각적인 이미지들을 제거함으로써 성 가구의 디자인도 단순화되고 많은 것이 생략되었으나 그 배치는 여전히 중세 가톨릭교회의 기본 배치를 따르고 있다.

성 가구의 재질은 대체로 제단과 설교대 독경대는 돌이나 나무 같은 천연재질을 사용하며 그 밖의 촛대는 나무나 은을, 성찬식용 제기는 은을 사용한다. 세례대는 교단에 따라 정교회와 침례교회같이 욕조처럼 만드는 경우도 있으나 가톨릭교회는 대체로 돌로 제작한다. 개신교회에서는 세례대를 교회 공간의 일정한 곳에 고정으로 배치하지 않고 필요에 따라 꺼내 사용하는데 놋쇠나 은 같은 쇠붙이 그릇을 사용한다. 회중의자와 집전자 의자는 나무를 사용한다. 성 가구 제작은 교회 건축을 설계하는 시점부터 공간 배치, 조명은 물론 가구의 재질과 크기, 모양, 색깔에 이르기까지 협력해야 할 중요한 사항이다. 건축과 가구가 각각 유리된 경우 아무리 좋은 건축물 공간이라고 할지라도, 개별적으로는 아무리 예술성이 높은 질 좋은 가구라고 할지라도 한 공간 안에서 가구끼리 서로 조화를 이루지 못하면 효과적인 예배를 기대할 수 없는 것이다.

값싼 성 가구는 값싼 예배 분위기를 조성할 수 있는데 여기에서 값싸다는 것은 재질, 디자인뿐만 아니라 건축 공간, 예배와 상호 조화를 이루지 못하는 성 가구를 의미하는 것이다.

예를 들어 지하상가에 세 들어 있는 작은 개척 교회가 대형 교회에서나 사용할 수 있는 권위적인 모양과 크기의 집전자 의자를 그 비좁은 교회 공간 안에 배치했다면 그 안에서 행해지는 예배가 아름답게 보일 수 없는 것이다.

간혹 파이프 오르간을 안치하기 위해 특별 공간을 마련하는 경우도 있는데 성 가구에 맞추어 공간을 연출하기보다는 공간에 적절한 성 가구를 제작하여 배치하는 것이 더 적절하다. 그렇기 때문에 성 가구 배치는 처음 건축설계부터 긴밀한 협의가 필요하다. 교회에서 사용하는 중요한 성 가구 몇 가지를 간단히 살펴보기로 한다.

설교대

가톨릭, 개신교회를 막론하고 교회 공간에서 가장 중요한 성 가구 중의 하나는 말씀의 선포가 이루어지는 설교대다. 서양 중세 교회의 전통에 따르면 회중석에서 바라볼 때 오른편에 설교대를 삼층 구조로 높이 설치하여 말씀의 권위와 함께 설교자의 권위까지 드높였다. 현대 개신교의 몇몇 대형 교회에 있는 설교대도 크기, 모양, 색, 공간 배치에서 다른 성 가구와의 조화를 무시한 채 권위적으로 설치하여 목회자의 권위를 과시하기도 한다. 그러나 현대 교회들은 민주적 시대 정신과 만인사제설에 대한 새로운 인식으로 회중석과 비슷한 높이에 단순한 형태와 담백한 색깔로 제작한 설교대를 설치하고 있다. 회중석에서 설교자를 바라보는 시각도 20도를 넘지 않는 것이 좋다. 그러나 현대 설교자나 중등학교 선생님이 학생들을 개별지도하고 감독하기 위해 교실 안을 돌아다니듯이 혹은 연예인처럼 단상을 오르내리기도하고 분주하게 회중석을 배회하며 설교하는 경우도 있다. 이런 경우 새로 신자들의 집중도는 높일 수 있을지 모르지만 설교자 한 사람의 쇼를 보는 인상을 주기 십상이다. 최근 제단(지성소)에 성찬 테이블을 설치한 곳들은 좁은 제단 공간을 효과적으로 사용하기 위해 이동식 설교대를 비치하는 경우도 있다. 설교자가 설교할 내용을 직접 봉독할 복음서를 설교대에서 낭독하는 경우는 있지만 신자들이 성서를 읽는 독경대와 설교대를 함께 사용하는 경우는 드물다. 독서대는 설교대보다 한 계단 아래에 위치하고 설교대보다 작은 것이 좋다. 이것은 복음서와 말씀의 권위를 차별화하기 위한 가구 배치라고 할 수 있다.

성만찬 테이블(제대)

성만찬 테이블은 전통적으로 회중석에서 7계단 혹은 3계단 위에 위치해 왔다. 이 테이블은 성직자, 성가대원, 세례받은 신자들이 한곳에 모여 주님으로부터 부름 받음에 대한 응답으로써 서로 하나됨에 대한 감사를 하고 성직자가 주님의 성체를 축성하는 가구다. 이 모임은 다른 사회적인 모임과는 성격이 다르다. 성만찬이 집행되는 장소는 그 교회 안의 어느 공간보다 더욱 '거룩함의 신비를 보여 주는' 중심이며 아름다운 지성소여야 한다. 이 테이블은 너무 우람하거나 권위적이어서도 안 되며 값싼 플라스틱 재질로 제작해서는 주님 최후의 만찬과 성례전의 의미, 그리고 주님 무덤이라는 다중적 의미를 표현하기 어렵다. 제대는 그리스도가 임재하는 곳이며, 성스러운 신비를 위해 공동체가 모이는 중심이다. 테이블의 형태는 지역에 따라 다르겠지만 일상 테이블과 같이 다리를 감추는 것이 좋으며 재질은 벽돌이나 돌이 좋다. 테이블 안에 그리스도의 오상(십자가상에서의 다섯 군데 상처)을 기념하여 다섯 개의 십자가를 조각하기도 한다.

제대의 위치는 무덤과도 관계가 있다. 중세에는 회중석과 구분하기 위해 제대를 지성소의 아주 깊은 곳에 안치했었다. 16세기 종교 개혁가들에 의해 제대는 아주 단순화되기 시작했고 현대의 제대는 회중석에 가깝게, 원형 공간이라면 회중석 중앙에 안치된다. 1960년 이후 좁고 긴 제대가 출현하기 시작했는데, 이것은 다수의 성직자가 테이블 한편에서 전례를 함께 진행할 수 있도록 고안된 것이다. 예배를 실험한다는 것은 좋지는 않지만 성찬 테이블은 최근 가늘고 길어지는 추세다.

성가대

개신교는 성가대의 위치가 자유로운 편이다. 교회에 따라 지성소 맨 끝 부분에 위치하여 회중석과 정면으로 마주하게 한 곳도 많다. 가톨릭의 경우 1967년 제2차 바티칸 공의회는 성가대에 관한 위상과 위치조건에 관한 조항을 다음과 같이 밝히고 있다.

가. 공동체의 한 부분으로서 특별한 기능을 하는 성가대의 위상은 명백해야 한다.

나. 전례적인 행위를 하기에 용이한 곳에 성가대는 위치해야 한다.

다. 성가대의 모든 대원이 지성소와 가까운 곳에 있어서 편하게 성사에 참여할 수 있어야 한다.

개신교회는 성가대원들에게 색 있는 가운을 입히고 중앙제단에 안치하는 교회가 있다. 특히 말씀 중심의 장로교회라면 칼 바르트의 말대로 성가대는 기둥 뒤로 숨기는 것이 신학적일 수 있다. 그리고 성가대원이 예배시간 동안 꼭 성가대석에만 있을 필요는 없다. 예배의식에 따라 성가대의 역할이 없는 회중찬양시간에는 대원들이 흩어져 회중석에 앉아 회중들과 함께 찬양하며 찬양을 북돋는다면 더욱 활기 있는 예배가 될 수 있을 것이다.

목회자의 의자

개신교회는 당회장의 의자를 대체로 지성소 중앙에 안치하고 있다. 초대교회 목회자의 의자 모양은 지역마다 조금씩 달랐지만 대체로 재판관, 철학자, 교사로서의 기능을 수행할 수 있도록 제작되었는데 왕이나 황제의 의자 모양은 피해서 제작하였다. 예전을 함께 집행하는 다른 목회자들의 의자도 지성소에 함께 놓아 각자 그들이 맡은 일을 잘할 수 있도록 하는 것이 좋다. 지나치게 권위적인 의자의 모양과 크기는 신자들의 신앙에 도움을 주기보다는 목회자의 권위를 드높이는 데 주로 사용되곤 한다. 현대 교회에 적합한 의자, 공간과 조화를 이루는 의자, 다른 성 가구들과 유기적 관계를 맺는 의자가 좋은 의자이다.

회중석

신자용 회중의자가 한국에 들어온 것은 대체로 1940년대 이후다. 서양의 중세 교회도 회중을 위한 의자는 없었다. 긴 예배시간 동안 서서 예배를 드렸다. 회중의자는 나무 재질의 장의자가 그동안 주류를 이루었고 앞으로도 지속될 전망이다. 그러나 최근 교회 공간의 다용도 활용을 위해 개별 의자를 안치하거나 극장식 의자, 혹은 이동에 용이한 접이식 의자를 사용하는 교회가 늘어나고 있는 추세이다. 어느 형태의 의자가 좋다고 할 수 없다. 이것은 교회의 선교 목적과 공간을 어떻게 활용할 것인지에 따라 선택할 문제이지만 거룩한 공간을 다른 용도로 사용할 수 있는 여지에 대한 신학적 논의는 여전히 남아 있다.

그러나 아무리 재질이 좋고 값비싼 성 가구를 배치했다고 할지라도 교회 건축물의 재질, 양식, 질감, 분위기와 조화롭지 못한 것이라면 그 교회 공간에서 좋은 성 가구라고 하기 어렵다. 특히 성 가구들이 통일성을 갖지 못하고 성 가구마다 각기 다른 재질로 제작했을 경우 서로 다른 재질이 시각적으로 부딪힐 수밖에 없으며 같은 재질일지라도 시선의 순서는 평등할 수 없는 것이다. 가능한 비슷한 재질과 색감으로 통일성을 이루는 것이 좋다.

다른 교회 공간과 차별성을 두기 위해서 어울리지 않는 재질과 색깔로 특이하게 제작하여 배치하는 것도 주의해야 한다. 예배 중에 성 가구로 인해 회중들의 눈살을 찌푸리게 하거나 예배에 집중하지 못하도록 시선과 마음을 산만하게 해서는 안 된다.

성 가구 디자인에 대한 토착화 연구는 시급하다. 성 가구 회사마다 작은 디자인 연구실을 두어 자신들만의 독특한 디자인을 출시하고 있지만 가구만 토착화되었다고 수요가 있는 것은 아니다. 언제나 건축 외양과 공간의 토착화와 삼박자가 조화롭게 이루어질 때에 가능한 것이다.

가까이 한옥 성당인 성공회 강화교회와 일본 나라에 있는 전통 일본건축 양식 내부 공간에 있는 성 가구가 그 대표적인 예라고 할 수 있다. 개척 교회(상가 임대 교회)가 많은 국내에서 어떤 형태의 성 가구를 비치할 것인지에 대한 어려움도 있지만, 건물 외양을 어찌할 수 없는 임대 교회라고 할지라도 내부 공간과 성 가구만이라도 우리 식으로 꾸며간다면 차별성도 있고 예배 분위기도 한결 좋아질 것이다. 십수년 전부터 쌀뒤주를 제대로 사용하거나 한옥 기둥을 십자가로 응용하여 사용하는 교회를 종종 볼 수 있었는데 이것도 유행인지 요즘은 점점 사라지고 있다. 기존 물건을 어떤 가공 없이 교회 내부로 직접 끌어들여 사용할 때는 조화롭지 못하거나 거칠게 느껴질 수 있는 위험이 있다. 경비를 들이지 않더라도 세심한 주의를 기울이면 주변에서 좋은 기성품 성 가구를 만날 수 있다. 언제나 교회 예배 공간과 충돌하지 않는지를 살피는 것이 무엇보다 중요하다.

맺는 글

한국교회가 서양 중세 교회의 전통적인 성 가구 배치를 모방할 필요는 없지만 그 전통을 알고 우리 식으로 변혁해 가는 것이 좋다. 서양 교회가 도식화한 대로 제대를 삼위일체를 상징하는 세 계단 위에 꼭 놓아야만 할 필요는 없다. 오히려 세상의 낮은 곳에 임하시는 주님을 공동체가 기념하는 것에 의미를 둔다면 회중석 한가운데 위치해도 좋을 것이다. 개신교회는 교회에 따라 제대를 성서를 놓는 대와 공유하는 곳도 있다. 성서대와 제대의 기능이 서로 다르다고 좁은 공간에 둘을 모두 비치하거나, 성서가 성만찬보다 더 중요하기 때문에 성만찬 테이블보다 우선하여 성서받침대부터 지성소 깊은 중앙 십자가 밑에 모셔둘 필요도 없다. 이것은 신학적인 문제이기보다는 교회 공간의 형편에 맞추어 신학적 의미와 해석을 하면 된다.

제단 중앙 십자가도 꼭 벽에 붙어 있어야 할 당위성은 없다. 예수님이 매달린 십자가는 땅에 박혀 있던 나무 십자가였다. 최근 공간연출을 위해 제단에서의 입식 이동 십자가도 출현했다. 이것에 대해 신학적인 논쟁을 하는 것이 비신앙적이고 비신학적일 수 있다.

서양에서 전수된 성 가구의 모양과 배치는 우리 상황에 적절하게 창조적으로 연출할 수 있어야 한다. 기능이 형식을 만든다는 이론에 따라 예전이 공간을 연출할 수 있지만 거꾸로 공간에 따라 예전을 연출할 수 있는 것이다.

예배 분위기는 상황에 따라 거룩해야 할 때가 있고 장엄해야 할 때가 있으며 기뻐해야 할 때가 있고 아늑해야 할 때가 있는 것이다. 이러한 분위기를 한 공간 안에서 똑같은 성 가구와 고착된 배치로 연출해 내기란 쉽지 않다. 성경 구절, 곡, 설교 내용, 집전자의 몸짓과 음색만 바꾼다고 효과적인(은혜로운) 예배를 창출할 수 없다. 그동안 예배의 조연으로 있던 음향과 조명이 예배에 주된 역할을 하게 될 것이다.

강화도 유학(霞谷學)과 성공회 강화교회 건축

들어가는 글

하곡(霞谷)[1] 정제두(鄭齋斗, 1649-1736)는 61세 되던 숙종 35년(1709)에 강화도로 이거하여 『심경집의(心經集義)』, 『경학집록(經學集錄)』, 『사서설(四書設)』 등을 저술하고 양명학적인 입장에서 경전들을 재해석하고 정리하였다.[2]

이 글은 강화에서 꽃피운 유학의 하곡학이 영국성공회가 초기 한국 선교의 전초지를 강화도로 삼으면서 1900년에 축조한 한옥 목가구식 성공회 강화성당 건축물에 미쳤을 영향을 추정해 보려는 것이다. 동시에 이 논문은 성공회 강화교회 건축이 유교 건축에서 받은 영향을 포함하게 된다. 강화성당 건축에 관한 신빙성 있는 사료가 희박하여 필자가 수집한 당시 선교사들이 발행했던 선교보고서를 일차 사료로 삼고 이것을 토대로 역사적 추정과 유교 건축물의 특징을 건축 언어,

건축 도상학적 방법으로 강화성당과 간단히 비교하며 전개하고자 한다. 이 주제에 관한 선행한 문헌이 전무한 관계로 문헌적 비판은 하지 못한 채 첫 문을 여는 것으로써 이 연구에 의의를 두고자 한다.

선교 초기 성공회 건축

선교 초기의 한국 성공회도 선교 초기의 다른 기독교 교단들처럼 가정집 사랑방에 모여 기도하고 서로 교제를 나누던 시기를 갖는다.[3] 초대 주교였던 코프(Corfe)도 초가집 한 채를 구입하여 그곳에 거주하며 성당으로도 사용했다. 그 후 1900년까지는 대체로 이러한 한옥이 성당으로 사용되기에 적합하므로 조금 확장되거나 고쳐지는 정도였다.[4] 본격적인 한옥식 교회 건축은 1900년 강화성당을 시작으로 1930년 중반까지 지속된다.[5]

성공회 건축 양식의 변천[6]

최초의 한국 성공회교회 건물은 제물포에 설립된 '성 미카엘과 모든 천사'(St. Michael and All Angels) 교회인데 이 건물은 1891년 초대 주교였던 코프에 의해 설계되어 벽돌로 지어진 작은 서양식 교회였다.[7] 1890년부터 서울과 제물포에는 개항과 더불어 유럽인과 일본인들이 다수 거주하고 있었는데 초기 한국 성공회 선교의 특징은, 당시에 한국인 신자를 많이 확보하지 못했던 이유도 있겠지만 선교의 주된 대상이 한국인이 아니라 한국에 거주하고 있는 유럽인과 일본인이었다는 것이다.[8] 제물포교회는 영국 선교사들과 유럽인, 일본인 신자들을 위해 서양식으로 건축되었다. 제2대 주교였던 터너(Turner) 역시 한국인보다는 일본인 선교에 주력했음에도 불구하고 한국인 신자 수가 급증했다.[9] 1909년에 설립된 수원교회도 영국에서 기금을 받아 서양식

건 축 과 신 학

으로 건축되었으며 제3대 주교 트롤로프도 1926년 서울에 로마네스크 양식의 교회를 건축했다. 이렇게 세 명의 주교는 각자 교회 치리 기간 동안 당시 대도시였으며 유럽인이 많이 거주하였던 제물포, 수원, 서울에 각기 하나씩의 서양식 교회를 건축했다.

특이한 것은 이러한 도시 교회의 관할에 속해 있던 지방 교회들은 모두 한옥식으로 축조되었다는 점이다. 위에서 살펴본 것처럼 가정집 교회에서 출발한 한국 성공회는 선교를 시작한 지 10년 후 향교 배치와 유사한 한옥식 교회를 건축하는데 그것이 강화성당이다.

한옥식 교회는 1900년 강화성당 완공을 시작으로 하여 1936년 용인(천리) 교회까지 이어지는데 한옥식 교회가 건축되는 기간은 가톨릭이나 개신교에서의 한옥식 교회 건축 기간보다 훨씬 길다. 비록 한옥식 성당의 벽체가 벽돌조이거나 창문과 창틀의 어느 한 부분이 서양식, 혹은 일본 양식을 채용한 교회도 있지만 이 건축물들도 한옥식 목가구 구조로 축조되어 있다. 이것은 당시 일반적으로 사용되었던 건축 재료의 문제이지 양식적인 측면으로 볼 때 절충식으로 보기는 어렵다. 교회 건축에 있어서도 한국 가옥을 구입하여 초대교회같이 일시적으로 교회로 사용했지만 세 명의 주교는 각자 교회를 치리하던 기간에 영국 선교부의 지원을 받아 제물포(1891), 수원(1909), 서울(1926)에 벽돌조의 서양식 교회를 건축하면서[10] 그 관할 교회인 지방 교회들은 모두 한옥식으로 건축했다.

유교와 강화성당

좌향(坐向)[11]

1) 향교

유교 건축도 일반 건축과 마찬가지로 '터와 방향' 잡는 것에는 풍수설의 영향이 크다. 유교 건축물의 다수를 차지하는 향교는 대체로 마을을 내려다볼 수 있는 마을 어귀 작은 산자락에 위치한다. 마을은 집성촌으로 구성되어 있고 마을의 지도자는 그 집안이나 마을에서 어른이며 동시에 학식이 깊은 유학자들이었다. 건물은 유교의 위계질서에 따라 건물이 축조되고 내부 공간이 구성되었는데 공자의 위폐가 모셔진 대성전은 문묘의 상징적 기능을 강조하기 위해 가장 높은 곳에 축조하였다. 다음은 이중환의 택리지에 실린 '백운동 서원'에 관한 글이다.

'영천 서북쪽 순흥부에 죽계가 있는데, 소백산에서 흘러나오는 물이다. 들은 넓고 산은 낮으며 물과 돌이 맑고 밝다. 상류에 있는 백운동서원은……' "서원 앞에 있는 누각은 시냇가에 위치하여 밝고 넓으며, 온 읍의 경치를 완전히 차지하였다.(前有樓據溪晃朗昭曠全據一邑之勝)"[12]

한 예지만 이 서원의 좌향은 풍수설에 입각하여 선택된 것임을 알 수 있다. 국내 대다수 향교는 '자좌오향(子坐午向)' 형식의 좌향으로 마을에서 보통 십 리 정도 거리의 북동쪽에 위치하고 있다. 유교 건축으로서 향교와 서원의 좌향은 크게 다르지 않다.

건 축 과 신 학

2) 강화성당 입지

강화성당의 입지는 13세기 몽고의 침입을 막기 위해 세웠던 무너진 성곽의 한 부분이다. 향교와 흡사하게 강화 읍내가 내려다보이는 언덕 어귀에 자리하고 있다. 한편 철종이 머물던 궁터의 바로 윗자락이다. 건물은 관청리 422번지 2필지 700여 평을 마련하고 250여 명이 기도할 수 있는 40칸 규모의 중층 목가구 한옥 형태로 축조되었다. 유럽의 전통적인 교회 방향에 따라 제단을 동향으로 입구를 서향으로 배치하였으며 배 모양의 터에 뱃머리에 해당하는 서편에 외삼문과 종각을 안치하고 복판 선복에는 성당을 안치하고 배미에는 사제관을 지었다.

한국 성공회 교회들은 정동 주교좌 성당과 일본인이 많이 거주했던 몇몇 도시의 교회를 제외하고는 가톨릭교회처럼 대체로 마을의 높은 언덕 위에 자리하고 있으며 풍수와는 무관하게 입지를 선정했던 것으로 보인다. 향교 건물처럼 강화성당을 이렇게 배치한 것에는 향교 건축이나 풍수에 관계없이 서양 선교사들이 교회 터를 선정하는 일반적인 선호였다는 것도 배제할 수는 없다. 그러나 코프 주교는 강화성당에 대해서 '한국적인 특성으로 볼 때 아주 이상적인 자리에서 다른 건물들과 조화롭게 있으며 시내를 기품 있게 내려다보지만 그렇다고 두드러지거나 거만함이 없다'[13]라고 말하고 있다. 여기에서 한국적인 특성이란 풍수를 의미하는 듯 보이지만 종교 건축물을 성곽과 궁궐 윗자락에 세운 것은 풍수에 적절치 못하다고 할 수 있다. 한글조차 몰랐던 코프가 풍수를 이해했을 것이라 추정하기 어렵지만 이 표현은 강화성당을 방문하고 그 터에 관해 트롤로프나 어느 한국인으로부터 듣고 표현한 것일 수 있다. 그러나 1900년도 강화성당 아래 주변의 민가 대부분은 벌집과 같이 옹색했는데 가히 권위 건축이라고 할 수 있는 강화성당을 두고 두드러지지 않고 거만함이 없는 건물이라고 표현한 것은 아이러니하다. 강화성당 부지의 형태는 전체적으로 배 모양을 취하고 있는데 배(방주)의 기독교 도상학적 상징은 구원이다. 유럽 중세 교회들의 부지 모양이 가끔 배의 형태를 하고 있는데 당시 트롤로프 신부가 의도적으로 터를 이렇게 닦았다고 전해진다. 강화성당은 트롤로프가 대목수를 고용하여 영국 선교부의 지원으로 건축하였는데 이 대목수에 관해 구전되는 것은 경복궁 재건축 당시 참여했던 인물이라는 것밖에 없다. 대목수를 도왔던 목수는 대산리의 이무갑, 관청리의 구명서, 솔정리의 김공필로 전해진다.[14] 트롤로프가 강화성당을 한옥식으로 건축하겠다고 결정한 후에 대목수를 만난 것인지 대목수를 만나서 한옥 양식으로 건축하기를 결정한 것인지 알 수 없다. 누가 트롤로프에게 이 대목수를 소개한 것인지도 알 길이 없다. 트롤로프는 한국 문화와 종교에 관심이 많았으며 강화성당을 건축하기 전에 한국 불교에 관해 썼던 것을 강화성당 축조 후 발간한 글이 있다.[15] 트롤로프의 한국 불교와 무속에 관한 지식이 강화성당 건축에 영향을 준 것으로 추정되는 특징이 성당의 부분 장식들[16]에서 자주 나타난다. 그러나 목수들이 강화 사람들이었고 유학(하곡학)에 깊이 뿌리를 두고 있는 강화 주민들의 서양 기독교에 대한 반감을 불식시키기 위해서라도 트롤로프는 당시 강화의 유수 유학자들의 소리를 배제하지는 못했을 것으로 보인다.

문(門)과 단청

양반 유가의 가장 바깥대문은 '솟을대문'이다. 향교 배치는 계단을 오르면 외삼문(外三門)이 있고 명륜당은 외삼문과 내삼문 사이에 위치하며 내삼문을 통해 대성전에 이른다. 강화성당의 삼문은 성당이 건축된 이후에 추가된 것인데 그 연대도 정확하지 않다. 유교 건축물에는 검박함의 구현으로 단청을 칠하지 않는데 현재 강화성당의 단청은 연도가 확실치 않으나 1960년대에 칠해진 것으로 짐작된다. 단청을 칠하게 된 이유도 뚜렷하지 않지만 궁궐보다는 불교 사찰의 단청에서 힌트를 얻어 성당 건물에 불교와의 융합을 시도했던 것으로 추정된다. 이 점에서 강화성당은 기독교라는 기틀에 유교와 불교, 무속을 혼재시킨 건물이라고 할 수 있다.

현판

강화성당[17]에서 유교적인 부분을 꼽는다면 성당 출입구 중앙 위의 현판과 제단 중앙 위의 현판, 현관 다섯 기둥에 각각 걸려 있는 다섯 개의 현판, 그리고 설교대와 세례대에 새겨진 한자를 들 수 있다. 모두 성서와 기독교 교리를 한자로 축약하여 쓴 글인데 이 글들을 누가 제안을 해서 누가 쓴 것인지 기록으로 남아 있지 않다. 이 한자가 성당에 장치된 것이 이 지역 유림들의 영향을 받은 것인지 아니면 당시 중국 성공회와의 교류에 의한 영향인지조차 살필 길이 없다. 트롤로프가 한글과 한자를 습득했다고 할지라도 이것을 온전히 트롤로프의 한자 지식에서 창출된 것으로 보기도 어렵다.

다음은 강화성당 건물 안과 밖, 그리고 가구에 새겨진 한자들을 모은 것이다. 이 한자를 누가 창안하여 쓴 것인지도 알 수 없지만 1783년 이승훈이 영세를 받았던 중국 북경의 북당성당 현판과 유사한 점으로 미루어 중국의 영향이 컸을 것으로 보인다.

1) 성당 지붕과 제단 현판

天主聖殿(천주성전) : 이 현판은 성당 입구 지붕 위에 설치한 것으로서 교회임을 나타내는 글이다. 성당을 '전'(殿)으로 명명한 것이 특이하다. 이 殿은 주로 불교 사찰과 궁궐 건축, 그리고 성균관의 대성 전에서 사용되며 강화성당의 규모라면 일반적으로 당(堂)에 해당한다 고 할 수 있다. 성당 제단 위 중앙에는 萬有眞原(만유진원)이라는 현판 이 있다. 여기에서 眞原은 창조주 하느님을 의미한다. 이 글은 중국과 마카오에 소재한 한자문화권 지역 성당에서 많이 발견된다.

2) 현관 기둥 현판

다음은 성당 현관 다섯 기둥의 오른편부터 각각 적힌 현판의 글들 이다. 이 글들의 내용은 성서와 기독교 교리의 특정 부분을 발췌한 것 이기보다는 창조주 하느님과 기독교 교리를 요약하여 한자로 풀이한 것이라고 할 수 있다. 성공회 김안기 신부는 현판 다섯 개의 의미를 각각 유교사상에서 찾아 다음과 같이 기술하고 있다.[18]

가. 無始無終 先作形聲 眞主宰(한국 초기 기독교 기도서에는 하느님에 대해 무시무종하신 하느님으로 표기되곤 했다. 그러나 이 현판에서의 무시무종은 하느님을 의미할 수도 있겠지만 처음도 끝도 없고 형태와 소리를 처음 지으신 분이 진정한 주재자이시라는 의미다): 이 내용은 중용에 나오는 上天之載無聲無臭(하늘에는 소리도 냄새도 없다)와 天神引出萬物者也(하늘에 계신 하느님이 만물을 창조신 분이시다)[19] 와 유사하다.

나. 宣仁宣義 聿照拯濟 大權衡(세상에 인과 의를 선포하시고 구원을 하 시니 큰 저울이시로다): 특히 宣仁宣義는 공맹사상의 중심이며 이 내 용은 맹자의 梁惠王章句上集註에 나오는 仁子心之德愛之理, 義子 心之制事之宣에 비유할 수 있다.

다. 三位體天主 萬有之眞原(삼위일체 하느님은 만물의 근원이시로다):

이것은 기독교의 근본 교리이다.

라. 神化主流 有庶物 同胞之樂(하느님 가르침 아래 만물이 성장하니 동
　　포의 즐거움이로다): 공자 서명에 나오는 民吾同胞物吾與也 理一而
　　分殊知其理一所以爲仁 知其分殊所以爲義에 비유할 수 있다.

마. 福音宣播 啓衆民 永世之方(복음이 전파되어 백성이 깨달으니 이는
　　영생의 길이로다).

3) 성당 이름 배너(성 베드로와 바울교회)

賜爾天國之籥, 行執聖神之劍令 : 강화성당의 이름인 '베드로와 바
울'을 상징하는 무당 방울 형태의 열쇠머리에 스와티카 형태의 두 십
자가를 두 개의 열쇠로 교차시키고 칼을 배너 중앙에 세로로 그려 넣
어 그 양 옆에 각각 새긴 글이다. 예수가 베드로에게 '나는 너에게 하
늘나라의 열쇠를 주겠다'(마태복음 16:19, 공동번역)고 한 말과, 바울이
에베소 교인들에게 전하는 말 중에 '성령의 칼을 받아 쥐십시오'(에베
소서 6:19 부분, 공동번역)라고 한 말이다. 이 배너는 베드로가 어부였듯
이 강화라는 섬에서 사람을 낚는 어부이면서 또한 한국의 불교적 샤
먼이며, 동시에 교회의 초석으로서 바울이 기독교를 조직하고 선교했
던 것처럼 기독교에서 유학자와 같은 존재로서 불교적 무속신앙과 유
교, 기독교의 상호융합을 시각적으로 표현한 것이라고 할 수 있다. 유
교적이고 불교적이며 무속적인 어촌 강화도에서 베드로는 강화도에
교회를 설립한 영국선교사를 의미하고, 개종했던 바울처럼 바울은 기
독교로 개종해야 할 강화의 유학자들을 상징한 것인지도 모른다.

4) 독서대

主之言語, 足前之凳 : 소박하게 만들어진 독서대 앞에 회중들이 볼

수 있도록 새겨진 글이다. '주님의 말씀은 내 발의 등'(시편 119:105)이
라고 다윗이 읊은 시 글귀이다.

5) 세례대

重生之泉 : 돌로 만든 세례대 앞면에 새겨진 글이다. 기독교에서 세
례는 거듭 태어남을 의미한다.

修己, 洗心, 去惡, 作善 : 세례대 뒷면에 새겨진 글인데 세례를 받
아 거듭 태어난 사람이 행해야 할 기독교 교리를 네 가지로 요약하여
적은 것이다. 모든 종교가 가르치는 도덕적 교리에는 공통적인 부분
이 있지만 특히 이 부분은 유교의 가르침(四端七情)과 일맥하는 부분
이 많다.

하곡학과 강화교회 건축

선교 초기, 교회가 가정집에서 시작하여 한옥식 교회 건축을 하게 된
데에는 몇 가지 이유가 있다. 첫째, 당시에는 교인 수가 많지 않았기
때문에 큰 교회 건물이 필요하지 않았고, 둘째, 부족한 선교 예산을
나누어 큰 경비가 소요되는 교회 건축에 투자하기가 쉽지 않았고, 셋
째, 서양식 건축 기술자와 건축 재료를 구하기가 용이하지 않았기 때
문이다. 그 후 가정집 교회에서 진전하여 교회 건축을 시작하고자 했
을 때, 그 시대적 상황에서는 한옥식 건축 이외에 다른 방도가 없었을
것이다. 한편, 정치적이며 정서적인 이유를 들 수 있는데 당시 서양
선교사들의 활동 범주가 제한되었던 상황에서 굳이 서양식 교회를 건
축하여 주민들과 한국 정부에게 시각적으로 이질적인 거부감을 줄 필

요가 없었을 것이다. 이 시기는 한옥식의 교회 건축 양식이 선교에 도움이 되었던 시기였다고 할 수 있다. 초기 서양 선교사들이 선교 초기에 민가를 구입하여 예배를 시작했던 이유를 교회 건축의 토착화에 두고 있다면 그것은 적절한 이유가 되지 못한다.

김정신과 홍순명은 한국교회 건축의 토착화는 선교 초기 한옥식 교회에서부터 시작한다고 주장한다.21) 그러나 이 문제는 당시 건축의 주체자가 누구였는지, 건축 비용의 부담자가 누구였는지에 따라 달라질 수 있다. 초기 한국 성공회의 한옥식 교회 건축 당시 건축 주체자와 비용 부담자가 영국인이었던 점을 생각할 때 소수의 한국인 신자가 건축에 참여할 수 있는 기회와 그들이 행할 수 있는 영향력은 미미한 상황이었다. 이 시기에는 서양의 예전을 토속 건물에 담아 사용하는 단계이므로 이 단계를 토착화의 시작으로 볼 수는 없다. 한옥식 교회 건축의 시기가 지난 후 교인의 수가 점차 늘고, 한국인 신자들이 건축의 주체가 되어 경비를 부감하면서, 한국의 건축 양식(개념)에 서양의 기독교를 상징하는 서양식 교회 건축 개념을 적응시켰던 한양절충식 교회 건축 양식을 교회 건축 토착화의 시작으로 보아야 옳다. 한국 성공회 교회 건축에 있어서 한양절충식의 단계 없이 서양식 교회 건축 양식이 도입되었다는 것은 교회 건축의 토착화 단계가 상실되었다는 것을 의미한다.

영국인이 주교였던 중앙 집권주의적인 한국 성공회는 예전을 개교회의 특성에 알맞게 변화시키거나 개혁해야 할 필요성도 없었으며 할 수도 없었다. 따라서 1900년 상화 성당 설립 이후부터 1936년에 설립된 마지막 한옥식 교회 건축인 용인교회 건축 시기까지 한국인이 건축의 주체가 되어 교회를 신축할 경우에도 과거 영국 선교사들이 주체가 되어 건축한 기존의 한옥식 교회 양식을 모델로 함으로써 기존의 교회들과 같은 예전의 통일성을 기할 수 있었던 것이다. 또한 양식이 다르게 건축될 경우, 공간의 변화가 일어나고 이로 인하여 발생할 수 있는 제단과 성구의 배치 등의 예전적인 문제가 발생할 수밖에 없다.

영국 성공회 선교사들이 1900년대에 불교 사찰 양식과 유교의 향교 건축 양식에 나타난 상징물을 부분적으로 취사하여 성당 장식에 수용했다. 교회 건물의 외형을 한옥식으로 축조했던 것은 성공회(기독교)를 타 종교보다 우위에 두면서[22] 타 종교를 성공회(기독교) 선교의 방편으로 삼았던 '수정적(방편적) 포용주의'라고 할 수 있다. 강화교회와 같은 규모의 '수정적 포용주의' 건축 표현 양식은 1936년 한옥식 성당 건축이 끝날 때까지 다시 나타나지 않는다. 제3대 주교였던 트롤로프가 모든 한국 성공회가 모본으로 삼고 부모처럼 섬기라고 했던 로마네스크식의 서울 주교좌 성당(1926)은 건축 양식뿐만 아니라 예전, 촛대와 같은 성물에 이르기까지 영국에서 직수입한 '절대적 이식주의(배타주의)'의 대표적인 예라고 할 수 있다.

강화교회의 수정적 포용주의는 강화 하곡학의 주된 사상인 이기일체론(理氣一體論) 포용주의와 일맥을 하는 부분이 있다. 하곡은 음(陰)과 양(陽)을 기(氣)로 보았고 또한 이(理)의 운용이라고 하였다. 즉 발(發)하는 것은 기(氣)이며 발하게 하는 것을 이(氣)라고 본 것이다. 또한 이 둘은 선후도 없으며 분리도 불가하다 하였다. 이를 가리켜 실학(實學)이라고도 한다. 그리고 천지만물이 본래 일체임을 자각하는 것이 인심(人心)인데 이 인심을 불변한 것으로 보지 않고 무수한 사물과 항상 교통하는 것으로 보았다.[23] 하곡의 철학은 실용적 포용주의의 특성이 강하다. 이 점에서 강화의 하곡학은 영국 성공회주의(Anglicanism)[24]의 근간인 포용성과 강화에서 조우할 수 있었던 사상적 교감의 고리가 있었을 가능성이 높다.

맺는 글

강화성당은 1900년 영국인 선교사가 건축의 주체가 되어 축조된 건물이다. 이 당시 강화학파의 영향이 이 성당 건축에 어떤 영향을 직접 주었는지를 알기 위해서는 무엇보다 강화에서 트롤로프와 교제했던 인물들과 대목수를 찾아야 하지만 이것에 관한 사료는 당시 선교보고서를 보관 중인 영국에도 부재하여 과제로 남긴다. 강화성당의 건물과 장식을 통해 살펴볼 수 있는 것은 기독교(성공회)가 유교와 불교, 무속적인 장식에 이르기까지 건축과 선교의 방편으로 수용했다는 점이다. 특히 성서 내용과 기독교 교리를 현판과 배너, 설교대와 세례대와 같은 성물에 한자로 새겨 넣은 것은 누구의 요청에 의해서 누가 쓴 것인지조차 알 수가 없다. 선교사로부터 듣고 배운 지식을 누군가가 한자로 재현한 것으로 추정될 뿐이다. 성공회의 포용주의는 강화에서 꽃피운 하곡학(양명학)의 포용성과 조우함으로써 국내의 다른 지역 한옥식 성공회 성당에서는 나타나지 않는 유교와 불교와 무속이 상호 융합된 토착화 양식으로 강화라는 지역에서 자연스럽게 태동했을 것으로 추정된다.

다시 교회 건축을 말한다

들어가는 글

교회 건축에 관한 국내 연구는 공과대학의 건축공학과나 건축학과에서 주로 하고 있는데 대체로 공학적인 측면이나 양식적인 측면을 다루고 있다. 최근 이미지에 관한 문화연구가 서양으로부터 유입되어 일부 문화학자나 건축학자, 디자인 전공학자들이 논문을 다소 발표하고 있으나, 아직 교회 건축물이나 교회에서 사용하는 이미지에 관한 신학적 성찰이나 비평에 관한 심도 있는 전문적인 연구는 드문 상태다. 그럼에도 최근 건축 잡지나 학술지에 건축학자들과 건축 설계가들이 교회 건축물에 관하여 다양한 소논문들을 발표하고 있는 것은 고무적이다. 그러나 이 분야도 개신교 건축물에 관한 것보다는 가톨릭 건축물인 경우가 대부분이다. 한국에서 가톨릭교회 건축은 교단과의 관계성 속에서 일정정도 정체성을 찾아 축조되고 있다고 할 수 있으나, 한국 개신교회 건축물에 관해서는 검열기관이 없다. 특히 개신교회 건축에 관한 국내 발행 단행본 도서로는 건축가 정시춘의 『교회건축의 이해』(발언, 2000)가 있는 정도다.

이 점에서 영국의 캠브리지(Cambridge) 대학의 '예술신학연구소(Institute of Theology through the Arts)'를 주목해 볼 필요가 있다. 이곳은 학문적인 교과과정과 실천적인 프로그램을 상설하여 운영하고 있다. 그러나 한국에서는 교회음악을 제외한 신학과 예술, 신학과 건축문화에 관한 연구는 가톨릭 측에서 건축학과 교수가 운영하는 사설 교회 건축연구소가 몇 곳 있는데, 이 연구소들은 소극적이나마 신학자 혹은 성직자들로부터 자문을 받아 교회 건축을 설계하거나 교회 건축에 관하여 신학적 조명을 하고 있고, 한국교회 건축문화 발전을 위해 큰 역할을 하고 있다.

동양에서의 불교사찰 가람과 불상 도상연구 이상으로, 서양에서는 건축공간과 밀접하게 관련된 예전학(禮典學) 연구와 양식사 중심의 도상학적 교회 건축에 관한 연구의 역사는 깊다. 최근에는 교회 건축물에 대한 기호학적 분석도 발표되고 있다. 그러나 이러한 연구방법론을 한국의 교회 건축물에 그대로 적용하기에는 여러 가지 어려운 점이 있다. 우선 한국의 자연환경과 풍경은 서양과 다르며, 이를 대하는 태도와 학문적 방법론도 다르다. 또한 건축 기법과 재료 및 양식의 차이도 있다. 이 짧은 글은 교회 건축을 우리의 시각으로 보고자 하는 한국교회 건축문화에 관한 비평 단상이다.

영성의 표현

이탈리아 건축가 지오 폰티(Gio Ponti)는 교회 건축이란 건축의 문제가 아니라 신앙의 문제라고 했다.[1] 롱샹성당(Notre Dame du Haut Ronchamp, 1953~55)을 설계했던 르 꼬르뷔지에(Le Corbusier)는 성당을 축성하던 날의 연설에서 "나는 침묵의 장소를, 기도의 장소를, 평화의 장소를, 내적 기쁨의 장소를 창조하고 싶었다"라고 했다.[2] 높은 장소로서 주변경관과 유기적으로 관련하면서 '강한 집중과 명상의 그릇'[3]을 창조하고자 했다는 것이다. 교회의 기능에 관해 르 꼬르뷔지에가 가장 적절히 표현했다고는 할 수 없겠지만 그의 말에는 시민들이 바라는 바람직한 교회 이미지가 함축되어 있다고 할 수 있다. 한마디로 그의 교회 이미지는 하나님과 인간 내면을 향한 영성의 표현이라고 할 수 있다. 이것은 종교의 근본적인 본질을 지적하고 있는 말이기도 하다. 교회 건축물과 세속적인 건축물과의 차별성은 무엇보다도 인간의 영성이 촉발하도록 설계된 양식과 공간일 것이다. 이것은 성과 속의 문제로서 비단 장소, 양식, 공간만의 문제가 아니라 건축 재료, 성 화상 및 성물, 가구 등 건축이 담고 있는 모든 것과 연관되는 문제이다. 한국의 교회 건축은 상당수가 개척 교회로서 상가 건물을 임차하여 사용하고 있다. 최소한 겉으로 드러나는 장소와 양식의 문제에 있어서 가난한 개척 교회는 다른 선택의 여지가 없겠지만, 그러나 이들 개척 교회는 언젠가 세속적인 건물과 차별성이 있는 교회를 신축하고자 할 것이다.

건 축 과   신 학

상징과 기능

본래 기독교만의 건축이란 없었다. 콘스탄티누스 황제 이후 교회가 지상에 건축될 초기에는 로마의 바실리카(Basilica)를 기독교화하여 사용하기 시작하였다. 그 후 교회 건축은 순교자, 성인의 무덤 위에 건축함으로써 그분을 기념하는 기능과 예배를 위한 기능을 갖기 시작했다. 교회는 건축 언어를 상징화한 코드를 사용하였는데, 예를 든다면 그리스도 성묘교회의 10개 기둥은 10계명을 상징한다거나 비잔틴의 둥근 돔(Dome) 지붕은 천상의 세계를 의미하는 것이 그러하다. 여기에서는 현대 한국교회가 서양에서 발전했던 이러한 상징적인 교회 건축언어를 어떻게 활용해야 할 것인지에 관한 문제보다는 교회기능과 관계하는 우리식 건축언어를 구축할 수 있기를 바란다.

교회라는 말이 많은 의미를 내포하고 있는 것처럼 교회 건물은 그 이상의 다양한 기능을 해야만 한다. 교회 건물의 표피적인 기능은 인간을 위한 다른 건축물들과 마찬가지로 사계절 날씨에 무관하게 신앙공동체가 한곳에 모여 예배를 드릴 수 있도록 하는 것이 제일 우선 이다. 그러나 사면 벽체의 닫힌 공간만 마련된다고 교회가 되는 것은 아니다.

먼저 교회는 하나님의 집이면서 동시에 하나님의 백성이라는 신앙공동체라는 의미와 함께, 그 공동체가 모여 예배하는 장소, 건물을 말한다. 따라서 교회 건물은 성령이 임재하여 머무르심과 동시에 신앙공동체를 담는 그릇이라는 기능적 공간의 의미를 함께 갖고 있다.

희랍의 신전들은 신들을 섬기는 신앙공동체가 정기적으로 모여 예배하는 신앙공동체를 위한 집이라기보다는 신을 위한 집이라는 것이 우선이었다. 따라서 비바람을 막을 벽체가 필요하지 않았으나 기독교 교회 건물은 신앙공동체가 한자리에 모여서 하나님께 예배하기 위해 벽체가 필요했다. 그 예배는 사람들이 한자리에 모여 기도할 공간과 성서를 읽고 말씀을 듣는 공간, 그리스도의 고난과 죽음과 부활을 증거하고 선포할 공간과 그것을 상징적으로 기념하는 성례전을 집행할 수 있는 공간이 필요하다. 이것은 교회의 기능이면서 예배가 진행될 수 있는 공간을 의미하는데, 이 모든 것은 서로 분리된 공간이 필요한 것이 아니라 한 공간에서 공동체의 흩어짐이 없이 시차를 두고 유기적으로 일어나는 것이다. 과거 유럽의 중세기 교회는 성례전, 특히 세례만을 위해 특별히 교회 본건물과 별도로 세례당을 건축했지만 현대는 굳이 그렇게 할 신학적 이유는 없다.

이렇게 신앙공동체가 한자리에 모여 행하는 예배를 공 예배(public worship)라고 하는데, 여기에는 공동체가 하나가 되어 하나님께 예배를 드린다는 의미뿐만이 아니라 그 예배를 통해 참석한 공동체 일원 상호 간에 새로운 의미를 부여한다는 의미도 있는 것이다. 교회는 예배라는 그리스도의 갈보리 희생의 재현을 통해 그리스도를 증거하는 거룩한 신전의 기능을 수행해야 함과 동시에 공동체 상호 간의 새로운 만남의 기능을 제공하는 곳이다.

둘째로 교회는 밥상공동체다. 또 그리스도의 몸과 피를 나누는 성례전적 체험이 일어나는 곳이다.

이 두 기능을 다른 말로 표현하면 신전으로서의 그리스도의 '몸(body)'과 선교로서의 베드로와 노아의 '배(ship)'라고 할 수 있다. 그래서인지 오랫동안 교회의 평면은 십자 형태의 인간 몸의 형상을 기본으로 설계하고, 김수근 작품의 기독교장로회 경동교회같이 실내를 방주 형태로, 성공회 강화성당처럼 터를 배의 형상으로 설계했던 것이다. 그러나 비록 배의 형태나 이미지가 여성적이라고 할지라도 그

　　　　　　　　　　　　　　　건 축 과　신 학

공간 배치의 주체와 기능성은 모두 남성 중심적인 구조로 축조되어 왔다. 인류의 최초 거주지인 동굴 같은 카타콤은 여성적이지만, 콘스탄티누스 이후 교회가 지상으로 올라오면서 모든 건축물은 남근 중심적인 형태로 축조되기 시작했다. 남근적 양식으로서의 대표적인 교회 양식이 바로 고딕이다. 비록 외형은 그렇지만 여성이 다수를 차지하는 교회의 공간구성을 초대교회처럼 여성 중심적으로 환원할 수 있다면 그것은 성과 속, 신성과 인성의 조화만큼 훌륭한 종교 건축이 될 수 있는 것이다. 그러나 오늘날까지 교회는 그 직제와 역할이 남성중심으로 편향되면서 건물의 공간구성까지 회의실을 중심으로 한 남성 중심의 구조를 극복하지 못하고 있는 것이다. 교회에서 여성의 공간은 무언중에 노동을 강요하는 주방뿐이었고, 여성을 위한 공간은 항상 뒤켠에 있거나 없다고 해도 과언이 아니다.

예배와 성(聖) 이미지

불교의 선종에서는 부처 이미지가 수도하는 데 방해가 된다고 하여 파기하였다. 서양 중세기에 시토 수도회의 성 버나드(St. Bernard)는 교회의 과대한 장식이 기도로부터 멀어지게 할 뿐만 아니라, 교회는 이러한 이미지들을 이용하여 헌금을 간접적으로 강요하는 것이라고 주장[4]하였던 것에 반해 쌩 드니(St. Denis) 수도원 원장이었던 슈제(Suger)는 신의 집은 솔로몬처럼 아름다운 것으로 가득 채워야 하며, 성서를 통해 파악할 수 없는 것은 그림을 통해 가르쳐야 한다고 주장했다. 루터는 하나님 이미지를 제외한 다른 이미지에 대해서 관대했으며, 그가 종교개혁 당시 프로파간다를 위해 화가 크라나흐를 통해 자신의 이미지를 조작했던 것은 주목할 만하다.

교회에서 이미지는 건축물을 포함하여 대체로 예배에서 사용되는데, 교회는 사람들이 여러 다양한 이미지를 활용한 예배를 통해 종교적 신비를 체험할 수 있도록 기회를 제공하고, 또 이미지를 통해 그리스도와 성모마리아와 성인들에 대한 경배는 물론, 사람들이 이해하기 어려운 교리를 쉽게 누구나 이해할 수 있도록 기획하여 왔다. 종교 개혁가들은 예배에서 이미지의 효용성이나 그 기능적인 역할을 우상숭배라는 이유로 부정함으로써 개신교회는 그 전통을 지켜 언어 중심의 예배와 교육을 하고 있으며, 시각 이미지를 제외한 다른 기술적인 수단으로 종교적인 감성을 북돋고 있는 것이다.

자아의 감각은 말보다는 이미지에 의해 먼저 인도된다고 할 수 있다.[6] 사람들은 언어를 사용하기 전에 먼저 이미지를 사용했다는 점을 간과해서는 안 된다. 한자(Chiness)를 차치할지라도, 언어 이미지(Verbal Icon) 역시 기독교 우상의 범주 안에 있는 것이다.[7] 그럼에도 교회는 특별히 시각이미지를 조작하고 이용하면서, 한편으로는 우상이라는 이름으로 시각이미지에 대한 부정적인 입장을 취함으로써 우상 시비를 견제하였던 것이다.

옛 사람들이 교회에서 체험하였던 이미지들을 현대인은 미술관이나 박물관에서 체험하고 있다. 전시되는 이미지들과 그리고 관객들의 시간과 공간적 차이로 인하여 이미지들에 대한 옛날과 현재, 교회와 박물관에서의 체험은 서로 상이할 수밖에 없다. 이미지가 전하고자 하는 그 의미가 관찰자에 따라서 그것에 관한 글이나 말로 전하는 설명보다 훨씬 강하며 명확하고 생동감 있게 전달될 수 있으며, 또 같은 이미지라고 할지라도 관찰자에 따라 그 의미가 다양하게 수용된다. 교회는 정치집단 이상으로[8] 지난 이천 년 동안의 경험을 통해 이미지의 힘에 관해 충분히 인식하고 있으며, 또 자신을 보호하고 호교하기 위하여 이미지를 충실히 조작하거나 이용해 오고 있다.[9] 이 점에서 교회 건축도 예외 대상은 아니다.

보편성: 지구화와 지역성

중세의 스콜라 신학에 힘입어 절대적이며 보편적인 교회 건축 양식이었던 고딕은 보편주의 논쟁에 의해 가톨릭시즘이 무너지면서 그 양식도 더 이상 구축될 명분을 잃고 르네상스를 맞이하게 된다.

21세기 세계화의 보편성이 자본주의라고 주장한다면, 자본주의의 보편성은 무엇일까? 이것은 미국의 자본주의를 일컬음에 다름 아닌 것처럼, 세계화의 보편성이 기독교주의라고 주장한다면, 기독교주의의 보편성(Catholicism)이란 팍스 로마나(Pax Romana)와 미국 개신교주의(American Protestantism)를 일컬음에 다름 아니다. 현재 한국교회가 사용하고 있는 성물(聖物)의 모양과 교회 건축 양식은 이러한 로마 가톨릭과 미국 개신교주의라는 보편주의 양식 범주에서 벗어나지 못하고 있다. 세계화, 지구화라는 현실에서 지역성을 강조해야 할 약소국이 취할 수 있는 입지는 점점 좁혀지고 있으며 또 이 문제는 쉽게 풀리지 않겠지만 지역의 교회 문화마저 그 정체성을 상실하게 된다면 신앙과 신학의 정체성도 담보할 수 없게 되는 것이다.

그렇다고 1960년대부터 80년대 사이에 정부가 주체가 되어 의도적으로 공공건물만은 한국적인 건축 개념을 살려 건축했던 관발주 양식의 김포공항이나 세종문화회관과 같은 양식을 추천하는 것은 아니다.

전투적인 양식

현대 교회가 굳이 중세의 고딕 양식을 취하는 이유는 어디에서 오는 것일까? 고딕 양식의 기원은 대체로 수목(樹木)에 두고 있다. 유럽의 평지에서 드높게 올라간 나무들의 형태와 유사하다고 해서 붙인 말일 것이다. 고딕은 드넓은 평지에 고층 건물이 없던 중세시대 마을의 좌표 기능까지 해냈을 뿐만 아니라 당대의 스콜라 신학과 가톨릭 예전에 적합한 교회 양식이었을지 모르나, 고층 건물로 빈틈이 없는 현대 도시 속에서의 고딕 양식이란 적합하지 않을 뿐만 아니라 풍경에 따라 우스꽝스러울 수도 있으며, 또 그렇게 축조할 하등의 신학적 근거도 없다. 고딕성당은 가톨릭 예배(미사)전례를 진행하기에 적합한 공간과 음향, 그리고 장엄한 시각적인 효과와 교인 수를 고려하여 건축한 것이기 때문에 기독교 세계였던 중세기에 축조된 교회들의 규모는 만만치가 않다.

최근 신도시 주변에 대형 교회들이 계속 축조되고 있는데 이러한 교회 건물 풍경이 국토의 풍경까지 바꾸고 있다. 서울 근교에 그 대표적인 두 개의 개신교회 건축물을 들 수 있는데, 하나는 판교 국도 변에 F-15 전투기 한 대가 출전 준비를 차리고 있는 것과 같은 교회 건축물과 또 하나는 이 교회에서 멀지 않은 곳, 수지 옆 수원 시민운동장 입구 국도 변에 하늘을 향해 발사 준비를 마친 듯한 로케트 스타일의 건물이다. 최근에 이렇게 특이한 전투적인 이미지의 대형 교회 건축물이 축조되는 이유가 무엇일까? '하나님께서 이 땅에 임재하지 않으시면 저희가 오르겠나이다' 일까?

지금도 부르고 있는 개신교 찬송가에 '교인군사같이' 라는 전투적인 노래가 있다. 일제 강점시대 때는 그 가사의 이미지 때문에 금지 곡이 되었던 찬송가다. 기독교 교회 건축물의 이미지가 최근 전투적이고 공격적으로 변하는 것은 그만큼 세상이 비성서적이고 비도덕적이며 적그리스도적인 물신숭배로 가득 차 있다는 것에 대한 상대적 개념으로서 세상과 대적하겠다는 성채와 같이 굳건한 교회의 표현이미지일 수 있다. 또 이것은 하느님께 더 가까이 가겠다는 고딕 첨탑의 이미지를 넘어 직접 날아가겠다는 바벨탑 같은 느낌을 준다. 그러나 이러한 이미지가 악한 세상에서 하느님의 영광을 드러내기 위한 교회의 적극적인 시각적 표현이라고 할지라도 현대 사회에, 그것도 한국에서 그렇게 권위적이며 위협적이고 호전적인 양식을 선택하여 다른 교회 건축물들과 차별성을 둔 저의는 여러 신학적인 근거에서라기보다는 교회 건축물들이 경쟁, 건축물을 통한 목회자의 권위와 신자들의 타 교회에 대한 우월의식 함양 같은 세속적인 이유가 더 큰 것 같다. 전투기형의 교회, 로케트 같은 교회와 그 지역사회와의 신학적 관계성을 억지로라도 설정해 보고자 하는 것은 어리석은 짓처럼 보인다.

개신교회 건축 양식: 원통형

오래전이지만 1959년 개신교 신학의 한 시대를 풍미한 대표적인 신학자 칼 바르트가 개신교회의 건축에 대해서 몇 말씀한 것이 있어 소개한다.(No. 8/1959 Werk)

"첫째, 하나님 말씀을 선포하기에 적합하고, 또 기도하는 회중 공동체를 위한 예배공간은 둥근 형태가 바람직하다. 앞으로 이런 형태의 교회가 널리 축조될 것이라고 생각한다. MIT에 교회를 설계한 에로 싸아리넨(Ero Saarinen)도 교회는 하나님이 완벽하듯이 완벽한 원에 기초를 둔 둥근 형태이어야 한다고 주장했다.[10]

둘째, 예배공간 중앙에는 제대와는 아주 다른, 나무로 단순하게 만든 조금 높인 테이블을 놓는 것이 좋다. 이것이 이상적인 해결책이라고 생각한다. 이 테이블에 이동할 수 있는 성경 독서대를 부착하면 설교대, 성찬 테이블, 세례대로 동시에 사용할 수 있을 것이다.(설교대, 성찬 테이블, 세례대가 따로따로 있으면 주의를 산만하게 하고 헷갈리게 한다; 이 같은 분리는 신학적으로도 적합하지 않다.)

셋째, 오르간과 성가대는 다소 장식품같이 생각되어 불필요한 것처럼 여겨질 수 있기 때문에 회중 공동체의 시야에 잘 드러나지 않아야 한다.

넷째, 개신교 예배를 위한 건축설계에 이미지와 상징물들을 안치하기 위한 자리를 마련할 필요가 전혀 없다.(이런 것들은 모두 주의를 산만하게 할 뿐이다. 공동체는 말씀의 온전한 의미 안에서 오직 예배를 위해 모이는 것이다. 그 예배란 기도와 설교와 세례와 주님의 성찬에 다름 아닌 것이다. 이것은 예수 그리스도의 역사하심과 인간의 실존이 서로 교통하는 공동체의 일상에서 행해지는 것을 의미한다. 이미지와 상징물 없이 이러한 일은 가능한 것이다.)

형태, 넓이와 문의 색깔, 벽과 창문, 그리고 의자의 색깔 등은 예배에 참여하는 사람들이 집중할 수 있도록 제작되어야만 한다. 이러한 요소들은 예배자들이 예배와 관계없는 장식품에 의존함 없이 메시지와 예배에 집중할 수 있도록 해야 하는 것이다. 이럴 때 비로소 교회 건물은 값있고 아름다운 것이다."

이 말은 단지 20세기 중엽 바르트의 말일 뿐이다. 그는 로마 가톨릭 교회와의 차별성을 강조하고 개신교의 정체성을 확고하게 하고 싶은 마음에서 그랬던 것 같다. 개신교회에서의 상징과 이미지들은 진정으로 드리고자 하는 신자들의 예배에 방해가 되는, 비성서적인 것들로서 교회 안에서 무용한 것일까? 그렇다고 해서 현대 모든 개신교회가 신학자 바르트의 주장에 따라 자신들의 교회를 원통형으로 충실하게 건축하고 세팅하지는 않는다. 오히려 최근에 개신교회 안에서 시각적인 상징에 대한 그리움을 표현하고 있지 않은가 싶다. 그렇다면 이런 교회는 개신교답지 못하게 빗나간 교회일까? 개신교답다는 것은 무엇을 의미하는가? 장로교로 말하면 그것은 칼뱅의 '말씀을 엄격히 따르는' '말씀 중심의 교회'를 말한다. 비록 칼빈 전통에서 약간 빗겨났다고 할지라도 색유리로 치장을 하는 몇몇 개신교회를 선두로 교회는 서서히 변화하고 있다. 이것은 에큐메니칼을 위해서도 무척 고무적이다. 종교개혁자들의 말씀이 꼭 진리는 아닐진대, 모든 교파적인 교회마다 너도나도 '주의'(ism)를 고집하면 독단이 될 수밖에 없다. 교회의 본질에는 '보편성'(catholicism)이 개별적 '주의'에 앞서기 때문이다. 통계조사조차 불가능하고, 또 불확실한 우리나라의 수많은 교파 교회들이 모두 보편적인 교회라고 자신 있게 말할 수 있었으면 좋겠다. 유난히 한국에서 컨셉트 교회 설정이 힘든 것은 예전과 교리를 앞세우는 교파 특성 때문이다. WCC는 1961년 6월 제네바 센터에 그 본보기로 건축가 몰러(E. Moller)에게 부탁하여 채플을 디자인하였지만 세계의 다양한 교파 건축에 영향을 미치지 못했다. 그래도 그것은 에큐메니칼 예배당의 샘플로 존재하고 있다.

그러나 국내의 대다수 교회들은 경제적인 이유로 별 도리 없이 상가를 파고든다. 한 상가에 많게는 세 개의 다른 교회가 점유하는 경우도 있는데 술집 위에, 비디오 대여 점 옆에, 주변을 고려할 형편이 되지 못한다. 옥상에 십자가 네온 첨탑을 세우는 경쟁을 뚫고 자기 것을 더 높고 눈에 띄게 세우면 그만인 것이 현실이다. 상가는 주거지역에 있고 관리하기에 편리하다는 점을 고려해도 일그러진 자본주의에 편승한 교회의 모습을 본다.

교회는 먼저 자기 소리를 내기 전에 그 지역의 음성을 들어야 한다. 그것이 하나님 소리다. 이웃의 기쁜 소리, 신음소리를 듣지 않고 자기 소리만 외치겠다는 것은 독선이다. 비싼 교회용 장의자를 들이지 말고 간편한 이동식 접이의자를 놓으면 공간을 다양하게 활용할 수 있을 것이다. 주민들의 열린 공간으로서 음악도 감상할 수 있고, 정보도 얻으며 상황에 따라 전시회도 열고 상가 사람들과 손님들을 위한 휴식과 어린이 놀이시설까지 마련할 수 있다면 더욱 좋을 것이다. 손님들이 화장실 사용한다고 굳건한 자물쇠로 채우지 말아야 한다. 한 상가 건물에 여러 개의 교회가 함께 있으면서 서로 협력하여 이웃을 섬길 수 있다면 어느 시민이 탓하겠는가! 우리의 현실과 지역에 적절한 컨셉트 교회를 한번 상정해 볼 수 있을 것이다.

컨셉트 교회: 새로운 교회 개념

미국 애틀란타 버케드에서 열린 미국주택협회가 주최하는 '뉴 아메리칸 홈 2001'은 3년이나 5년 후에 등장할 주택을 일반 시민에게 미리 보여 주는 미국 최대의 주택 쇼다. '컨셉트 카'처럼 '컨셉트 주택'도 경관이 아름답고 내부가 화려한 것은 기본이며, 인간의 주거 생활의 네트워크화, 환경친화 현상에 맞추어 자동화 시스템과 에너지 절약을 개념으로 전기장치, 보안장치, 조명, 환풍 등을 아무 곳에서나 제어하고 모니터하며 재택근무를 위한 홈 인터넷 네트워크 시스템을 갖춘 쾌적한 집이라는 것이다. 이런 자동차와 주택은 우선 가격이 비쌀 뿐만 아니라 여기에 적합한 사회 기반시설이 충족되지 않은 상태에서 당장 사용할 수 없다는 단점이 있지만 인류가 미래를 준비한다는 점에서 대단히 중요하다.

늦은 감이 있지만 이제 미래를 위한 '컨셉트 교회'(concept church)를 생각해야 한다. 교회사에서 대표적인 교회 개념의 변화는 16세기 종교 개혁자들에 의한 변화를 들 수 있을 텐데, 그 후로 크게 주목할 만한 변화를 겪지 못했다.

각 교단은 교회 건축을 위해 위원회를 조직하여 현대 기독교인들이 바라는 그 교단 교회의 이미지가 무엇인지를 찾아 교회 개념을 설정하는데 도움을 받아야 한다. 신학자와 목회자, 장로가 위원회를 주도하는 것은 바람직하지 않을 수 있다. 이천 년 동안 교회 개념을 주재해 온 그들로부터 컨셉트 교회에 대한 아이디어를 기대하기란 쉽지 않다. 독특하고 전통적인 예전을 고집하는 가톨릭이나 성공회 같은 교단의 교회 개념과 개신교의 교회 개념은 다소 다를 수 있겠지만 미래 교회는 더 이상 교파의 특성에 따라 형성되는 그런 교회 개념은 아닐 것이라는 점이다. 건축을 환경친화적으로 디자인하고 네트워크화하는 것은 이차 문제다. 이천 년 역사의 교회의 본질과 기능, 역할을 비판하면서 새롭게 태동할 수 있는 개혁적인 교회 개념이어야 한다. 목회자의 주도 아래 친교하고 흩어지는 가운데, 기존의 제사장적이며 왕권적이고 예언자적인 기능이라는 식의 고답적인 교회 개념을 넘어서야 한다. 건축위원회는 지역주민, 신자, 사회사업가, 지역운동가, 환경운동가, 컴퓨터 전문가, 건축가로 구성하고 그동안 교회 건축을 주도했던 목회자와 신학자는 자문위원의 역할을 하면 좋을 것이다. 교회 개념에서 변할 수 없는 것이 있다면 공기도와 개인기도, 하나님을 향한 예배와 찬양, 이웃에 대한 사랑의 실천이다. 그러나 사랑이 곧 예배이며 친교라면 선교는 이것을 실천하는 행위라고 할 수 있다. 현대인의 감각에 적합한 예배의 구성과 이것을 수용할 수 있는 적절한 공간, 그리고 지역사회 이웃과 함께할 수 있는 선교 프로그램을 기획하기 위한 작은 공간 하나면 될 것이다. 즉, 신자가 함께 모일 수 있는 예배공간과 어린이 주일학교를 위한 공간 이외에 수도원 방같이 개인을 위한 방이 몇 개 있어서 기도하고 싶은 사람이 언제나 이용할 수 있도록 항상 열려 있으면 좋을 것이다. 단체를 위한 방까지 일일이 마련하려는 것은 탐욕이다. 선교프로그램을 기획하는 방은 교인들의 성서교육을 비롯하여, 교회와 지역사회를 연결할 수 있는 기능을 갖춘 컴퓨터와 프로젝터가 있으면 된다. 그리고 화장실이면 충분하다. 교인들은 홈페이지와 이메일을 통해 서로 교통하고 정보를 교환하며 영성 지도를 받고 상담할 수 있을 것이며, 성서교육이나 기타 프로그램은 홈페이지를 통해 해결할 수 있을 것이다. 꼭 모여야만 하는 프로그램이 있다면 시차를 두고 기존 공간을 최대한 활용할 수 있는 방법을 찾아야 한다. 지역 교회는 점점 주택이 있는 교외에 자리할 것이며 따라서 주차공간도 지나치게 넓게 확보할 필요가 없게 될 것이다. 노숙자들과 주변 독거자들을 위한 식당이라면 몰라도 교인들만의 친교를 위해 한 건물 안에 그토록 큰 공간을 점유하는 것은 바람직하지 않다. 교회 안에서의 주방시설은 아직 남녀평등이 확보되지 않은 우리 실정에서 여성의 노동을 더욱 옥죄게 할 뿐이다. 주일의 점심은 오히려 부모님과 형제들이 한 집에 모여 함께 식사하는 것이 더 바람직하다.

그리고 교회는 비효율적인 회의로 많은 시간과 경비를 낭비하고 있다. 전자메일을 활용하면 상당히 경제적이며 효과적인 회의뿐만 아니라 모든 교인의 의견을 쉽게 수렴할 수 있다. 이것은 1백 명 혹은 1백

오십 명 규모의 지역 교회를 생각해 본 것인데, 실제로 교회 규모가 더 이상 커야 할 이유가 없다. 지역마다 작은 교회를 여러 개 건축하는 것이 바람직하다. 그동안 한국의 가톨릭교회는 사제 부족 현상으로 불가피하게 대형 교회를 건축할 수밖에 없었던 경우도 있었으나 바람직하지 않다.

위에서 말한 컨셉트 교회는 당장 실현 가능한 경우다. 일반 기업은 이런 시스템을 활용한 지 이미 오래되었다. 새로운 교회 개념을 교회가 늦게나마 수용하지 못하는 것은 대형을 지향하는 세속적인 권위와 명예에 대한 욕망이 저변에 있기 때문이다.

생태학적 건축: 장소

주변을 둘러보아도 온통 시멘트 건물에 자동차 소음, 지붕 위의 붉은 십자가. 우리가 우리의 강산을 산업화라는 이름 아래 이렇게 만들었으니 누구를 탓할 수 없겠지만 지금이라도 도시 교외로 나서려는 교회는 주변의 풍경부터 살펴볼 일이다.

건축 문제에서 소위 환경친화적이란 있을 수 없다. 건축은 인간의 또 다른 창조행위일지는 모르지만 축조 자체는 자연에 대한 폭력이며 파괴다. 그렇기 때문에 축조 방법, 건축의 재료, 터 잡기에 있어서 자연과 환경 파괴를 최소한으로 줄여야만 한다. 자연과 인간의 유기적 관계를 형성할 수 있는 생태학적인 건축방법을 강구해야만 한다. 이 점에서 어느 이론보다도 한국의 '자생(自生)풍수론'(최창조)은 건물의 터 잡기와 좌향(坐向)에 큰 도움이 된다. 생태학적 건축은 환경과 에너지를 의식하여 축조에 필요한 자원 활용뿐만 아니라 쓰레기에 이르기까지 모든 것을 최소화하고 위치 선정에 따른 동식물 보존에 최대한 관심을 기울여야 한다. 생태신학[11]과 교회 건축과의 관계 설정은 시급하다. 이것은 시민의 실생활과 환경에 직접 영향을 주는 문제이기 때문이다. 다른 건축과는 달리 교회 건축은 외형적 양식에 관심하기보다는 용도에 따라 양식이 결정되는 것이 바람직하다. 성서는 노아 방주의 축조 과정에 관해 기록하고 있는 반면, 그 양식에 관해서는 기록하지 않고 있다는 것은 흥미롭다. 최근 한국의 대형 교회들이 그 지역사회를 섬기고자 하는 선교기능적인 면보다는 지나치게 외형적 이미지에 차별성을 두고 경쟁적으로 터를 확보하고 축조하는 것에 대한 생태학적·문화적 폭력에 주의를 하는 것이다. 산을 무리하게 깎은 터에 건축하거나, 많은 자동차와 사람들이 왕래하는 대로변에 마련한 교회 부지는 건축 양식이 훌륭하다고 할지라도 그 지역의 자랑보다는 지역 위에 군림하고자 하는 혐오기피 건축물로서 주민들의 비난의 대상이 될 수 있다는 것을 주의해야 한다.

맺는 글: 민중의 방식

경제발전과 함께 기독교 신자의 증가와 더불어 주변의 자연환경은 물론 그들의 교단신학과도 무관하게 지속적으로 건축되고 있는 교회 건축물들은 도시는 물론 전 국토의 풍경을 바꾸기 시작한 지 오래되었다. 서양의 기독교를 담는 건축은 한국에 기독교가 수용된 이래 초기 수용기간을 제외하고는 대부분 서양식으로 한국에 이식되어 오늘의 한국의 풍경을 만들고 있다. 일정정도 정체성을 담보하고 있는 가톨릭교회 건축물과는 달리 개신교의 정체성 없는 대형 교회 건축물이 전국의 개신교에 미치는 영향의 결과로서, 이러한 교회 건축물들이 도시와 마을의 풍경은 물론 시민문화에 미치는 영향을 고려할 때 교회 건축문화 정체성에 관한 연구는 시급한 것이며 중요한 과제라고 할 수 있다. 문자 중심의 학문이나 이미지 중심의 연구만으로는 학문의 객관적인 연구나, 인간 의식의 전환을 하기에는 한계가 있다. 학문과 이미지가 함께 전환할 때 비로소 인간의 의식도 전환이 가능하다.

18~9세기 서양 선교사들의 입국 이래 가톨릭을 포함한 한국 기독교와 교회는 그동안 토착화신학, 민중신학의 태동에도 불구하고, 서구신학과 건축과 예전을 포함하여 성 화상의 양식에 이르기까지 서구식 이미지의 틀을 극복하지 못한 채 그대로 사용하고 있는 실정이다. 우리 식의 이미지 제작에 관한 정성은 신학은 물론 일반 국민들의 신 관념 정체성 확보에 큰 영향을 미친다. 그러나 '우리식'이라는 것에는 전통으로부터 새로운 것을 찾아내면서 어떻게 국수주의에 빠지지 않을 것인가라는 난제가 있으며, 세계화라는 새로운 세계질서 속에서 지역의 특수성과 정체성을 강요하고 있는 새로운 오리엔탈리즘의 큰 음모를 극복해야 할 과제가 있기 때문에 더더욱 우리의 종교도상의 정체성 찾아야 할 당위성이 분명히 있다.

위에서 말한 우리식이란 바로 가톨릭시즘이나 미국적 프로테스탄티즘이라는 보편성에 대한 대안으로서의 민중의 방식이며, 한국교회 문화의 정체성에 관한 것이다. 이것이 토착화신학이다. 정체성은 문자 표현에만 의존해서는 충분하지 않다. 이 점에서도 교회 건축, 성 화상 등의 이미지와 교인들의 신앙 양태, 혹은 그 교단과 교회의 신학과의 상호 관계성을 말할 수 있다. 이미지 조작에는 긍정적인 측면도 있는 것이며, 그 방법론은 신학의 한 주요 과제로 자리할 수 있다. 전 인구의 약 35%에 가까운 기독교인의 문화와 시민문화는 더 이상 무관하지 않은 작금에, 우리식 종교 건축과 도상 이미지 개념을 마련하여 건강한 종교문화와 시민문화의 정체성을 찾는 작업을 서둘러야 한다.

문화산학협동(文化産學協同) 관계처럼 이제 일선 교회와 신학 기관은 서로 협력하여 한국교회의 '신학과 이미지' 토착화, 그리고 간단하지 않은 생태신학을 통해 교회문화의 비전을 찾아야 한다. 특히 무엇보다도 교회는 시각적인 교회 건축물의 터와 양식이 시민의 실생활과 문화에 상당한 영향을 미친다는 점을 간과해서는 안 된다.

끝으로 이 땅에 '바람직한 교회 양식, 설계'에 관해 교파마다 추구하는 신학이 다른 관계로 간단히 단정할 수 없지만 21세기의 새로운 교회 이미지와 부합한 양식으로서의 '컨셉트 교회'가 중세의 고딕처럼 보편적인 교회 양식이어서는 안 된다. 교회는 그 본질과 양식 면에서 항상 쇄신되어야 하며, 더 이상 피할 수 없는 세계화와 지역성과의 관계, 그리고 생태환경 문제가 건축함에 있어서 우선되어야 함은 물론, 설계와 공간구성에 있어서 여성의 동등한 참여를 배제하여서는 안 된다.

이제 국민의 약 35%가 기독교인임을 고려할 때 교회 문화와 시민문화는 서로 별개의 것이 아니며, 건축문화에 국한할지라도 이 두 문화는 서로 긴밀하게 영향을 주고받는 것이다. 교단의 신학이나 선교 방향과는 무관하게 축조되는 차별적인 대형의 양식들은 자신의 세속적인 이기심을 반영하는 것이며 사회의 비난의 대상이 된다는 점을 간과해서는 안 된다.

제3부 **미술**과 **신학**

성 화상 신학 – 이미지에 관한 담론 ∣ 한국 현대 기독교 미술과 옥션 ∣ 아시아의 종교와 문화
– 종교와 시각예술

성 화상 신학(Theology of the Icon)
– 이미지에 관한 담론

아이콘(Icon)

동방교회 학자를 중심으로 아이콘 신학에 관한 상당한 연구논문과 서적들이 발간되었다.[1] 서양에서의 기독교와 관련한 이미지 연구가 풍성한 것에 비해 한국 기독교에서 이미지에 관한 연구가 전무하다 싶은 것은 특기할 만한 일이다. 이것은 한국의 무속과 전통적인 종교가 시각 이미지를 적극 수용했던 것에 비해 한국 기독교는 이미지를 수용하지 않고 배척해 온 결과라고도 할 수 있다. 특히 불교 미술에 관한 많은 국내 연구서들의 영향을 받았을 가능성이 있음에도 이미지에 관한 신학이 부재한 것은 한국의 기독교가 국내의 타 종교에 대하여 독선적이며 편향적인 문자 중심의 신학에 주된 관심을 모아 왔다는 것을 의미한다.

주관적이며 신을 관조하고 체험하는 신앙의 문제는 논리가 아닌 몸으로 한다. 현대 신학에는 객관적이며 보편적이고 이성적이며 합리적이라는 논리적인 것과 동시에, 주관적이고 상징적이며 감각적이고 상상적인 요소들이 상호 작용하여 엮어 내는 디지털 시대의 글쓰기가 필요하다. 신학 분야에서 감각이나 감성에 관한 것은 그 특성상 예배학이나 전례학을 중심으로 한 실천신학 분야에서 부분 언급될 뿐, 특히 보수적인 개신교에서는 여전히 조심스럽기 짝이 없는 영역이다. 개신교에서의 '신에 관한 이미지 제작과 숭배'에 대한 담론 제기는 오늘날에도 금기처럼 보인다. 그러나 이미 한국의 몇몇 개신교회에서는 이미지에 대한 숭배는 아닐지라도 기독 이미지나 서양 가톨릭교회에서 전통적으로 사용해 오고 있는 상징을 장식용, 혹은 교육용으로 활용하고 있다. 국내에서는 일부 학자가 교회사 연구에서 '성 화상 논쟁'에 관해 연구 발표한 바 있으나 이미지에 관한 보수적인 신학적 입장과 교리적인 개신교회의 신학적 입장으로 인하여 크게 환영받지 못했다. 이미지에 관한 대표적인 신학담론으로써 성 화상 논쟁은 이미지를 둘러싼 교회와 제국, 황제와 교부들 사이의 정치적 이권싸움은 차치하고라도, 이미지 논쟁을 넘어 기독의 화육과, 기독론 논쟁과 합류하게 된다.

현대의 많은 교회들은 금기처럼 되어 온 성(sex, eros) 문제와 더불어 이미지에 관한 신학적 입장을 밝히지 못한 채, 교회 안에서 이미지를 특이하게 활용하고 있음을 볼 수 있다. 언제까지 교회가 이미지에 관한 신학적 담론을 피할 수는 없다. 이미지에 대한 입장이 없으니 그 사용하는 이미지의 미적 수준이나 형태도 떳떳하지 못하며 교회 안에서도 비겁한 양태로 중요한 위치에 안치되어 있다.[2]

케임브리지, 예일, 시카고 대학 등 유수의 대학에는 '종교와 예술'이라는 연구소나 학과가 상설 개설되어 연구와 강의가 진행되고 있는

데 국내 대학에서는 아직 요원한 실정이다. 인천 가톨릭대학에 종교 미술학과가 설치되어 있으나 이론보다는 종교미술 작가 양성을 위한 미술대학과 같은 성격이 강하고, 이론 연구로서는 서양미술사학회에서 시대로 구분한 중세미술 분과가 유일할 정도로 열악하다. 신학대학에는 교회음악과는 있으나, 이미지와 관련한 학과가 없는 상황에서 국내의 기독교에서 좋은 이미지 담론을 기대하기란 어려운 형편이다.

이 글에서는 성 화상 신학을 중심으로 한 미학적 신학의 연구 대상과 범주, 이미지의 힘, 그리고 글쓰기 방식을 말하고, '종교와 예술의 관계성'과 관련된 이미지 가운데 특별히 인간의 오감과 관련된 신학 분야에서의 '전례(예배)학'과 '이미지의 토착화'에 관한 것을 거칠게 말하고자 한다. 각 장마다 일맥요연한 통일성을 갖는 논리적인 글은 아니지만 향후 일차 성 화상 신학을 중심으로 하는 이미지 연구와 밀접한 미학적 신학의 지평을 넓히고 연구해 보려는 필자의 기초적 입장을 말하려 한다.

종교와 예술: 심미적 이성[3]

종교와 예술에 관한 유기적인 고리로써 심미적 이성이란 용어를 선택하려고 한다. 이 용어를 정의하기란 쉽지 않지만, 한 예를 든다면 인간이 어느 상황에 대해 '슬픔'을 느낄 때와 같은 그러한 복합적인 정서를 가리켜 심미적 정서(aesthetic emotion)라고 한다면, 심미적 이성이란 어느 상황에 관해 측은지심을 느끼는 데서 한 걸음 더 나아가 그것을 실천하는 이성적 판단의 덕목으로써의 도덕성까지를 내포하는 의미라고 할 수 있다. 그동안 국내에서 심미적 이성에 관한 논의는 문학평론 분야에서 이성만으로는 풀어낼 수 없는 것에 감성을 결합하여 상호보완적인 글쓰기를 말하고자 제안되었던 담론이었다. 심미적 이성이야말로 예술 분야뿐만이 아니라 특히 신학과 교회, 그리고 모든 종교학 분야에서 담론화할 수 있는 소재라고 생각한다.

칸트는 창조적 예술 원리에 관해 "미(감)적 이념이 이성 이념의 대립물임은 우리가 용이하게 알 수 있는 일이거니와, 이 이성 이념은 반대로 어떠한 직관(구상력, 상상력의 표상)도 감당할 수 없는 개념"[4]이라고 했다. 미적 이념과 이성이라는 대립적인 단어에 심미적이란 수식어의 부가는 언어적 모순일 수 있지만, 모든 종교의 경전과 성서 해석에 있어서의 균형감각 · 유머 · 진실과 환상 · 신화를 구분하는 능력과 상상력 그리고 초월자에 대한 신성함과 신비의 문제를 넘어 종교의 사회적 기능으로서의 사회복지에 이르기까지 '심미적' 이성이라는 필터를 통해 미학적인 해석이 가능할 수 있을 것이다. 브라운(Frank Burch Brown)이 "신학에서 미학적 감수성이 필요하다는 것을 주장하면서도 신학 자체가 미학적으로 되거나 혹은 그 자신의 이성적 능력을 행사하는 것을 포기함으로써 미학적 진리를 만족스럽게 수용하게 되는 것은 아니다"[5]라고 경고하는 말에 주의할 필요가 있다.

종교/신학에 대한 미학적 접근은 무엇보다도 예술과 종교와의 관계성이 주된 주제가 될 수밖에 없을 것이다. 종교와 예술은 상호작용하나 이 둘은 서로 고유한 미덕과 정체를 지니고 있는데 종교는 눈에 보이지 않는 성스러움과 초월성을 근거로 하여 인간에게 많은 상상력을 선물했다. 그러나 그 상상력을 표현하는 것은 언제나 종교에 의해 유린되거나 통제되고 절제되었으며, 이것은 종교가 자신의 언어문자적인 순수성을 지키고자 함이었을지 모르나 종교 예술은 언제나 인간의 감정에 호소하고 있다는 점을 간과해서는 안 된다.

종교와 예술의 친화성에 관해 콜링우드(R. G. Collingwood)는 그의 『정신의 반영(1924)』에서 '예술이란 상상이고 종교는 믿어지고 있는 상상'이라고 말한다. 유령이나 요정을 보는 것은 예술이지만 그 유령이나 요정을 믿는 것은 종교라는 것이다.[6] '허클베리와 짐'의 대화는 아름다우면서도 '아주 잘 짜여져 있는 상상력'을 고양시킨다. 여기에서 무엇이고 종교이고 예술일까? 심미적인 정서에 의해 그 둘의 경계는 허물어지고 서로 융화되어 이 글은 시각화된다. 아기 예수 탄생, 동방박사 등 주일학교 시절의 성서 동화들은 어른이 된 지금까지 종교적인 '낭만적 아름다움'을 환기시키고 있는 데 비해 '성육신'에 대한 이성적인 신학 논문들이 오늘 현대 신학자들과 신앙인들에게 어떤 종교적이며 심미적인 감흥을 주고 세상을 향해 얼마만큼 측은지심을 갖고 사람들에게 정의를 실천할 수 있도록 '심미적 이성'을 고무하는지를 재고해 볼 일이다. 잘 짜인 한 편의 짧은 설교 문이나 아주 작은 종교 예술 소품이 한층 더 감동적인 신학적인 글쓰기일 가능성이 여기에 있는 것이다.

　　인간이 종교 예술이라는 직접적인 대상물을 통해 성스러운 실재를 보는 것이라면, 그 직접적인 대상물이 너무 아름답고 매력적이어서 성스러움과 초월성을 상실한다면 그것은 우상숭배가 되거나 종교적 태도를 포기하는 셈이 된다. 그러나 소설이나 시가 아무리 인간의 상상력을 자극한다고 할지라도 그림이나 조각만큼 제한받지 않았던 것은 단순히 시각적인 것에 대한 기독교의 교리 문제 때문이었기보다는 당시 사제를 중심으로 글을 읽을 수 있는 계층의 폭이 좁았고, 그러한 글을 제한된 특정 공간에서 즐길 수 있는 특권을 누릴 수 있었기 때문에 문자 아이콘은 일반대중에게 큰 해가 되지 않는다고 생각했을 것이라는 상상은 가능하다. 그러나 시각적인 것은 누구나 볼 수 있는 눈만 있으면 볼 수 있는 것이기 때문에 권력은 여전히 말썽의 소지를 차단해야만 했다. 로마네스크와 고딕 성당의 서쪽 입구 박공(facade) 위의 부조(tympanum)에는 언제나 최후의 심판 부조가 새겨져 있어서 보기 싫어도 피할 수 없는 위치에서 대중들에게 죄에 관한 무의식을 자극시켰을 것이다. 신에 대한 신성함을 느끼기보다는 두려움으로 교회에 복종토록 하는 매체였다. 이 부조를 통해서 당대인들이 어떤 심미적인 아름다움을 체험했을지에 관해서는 부정적이지만, 지옥에 대한 공포를 느끼고 소극적인 도덕적 의미로써 대중신자들이 '죄 짓지 않기'에 대한 '심미적이며 이성적인 판단'을 할 수 있도록 하는 기능을 일정 정도 했을 것이다. 그러나 이것은 엄밀한 의미에서 대중들에게 측은지심의 순기능적인, 자율적·심미적 이성에 호소하기 위한 매체라기보다는 권력자의 무지한 대중에 대한 시각적인 위협용 이미지였다고 하는 편이 옳다.[7] 현대 목회자들의 설교가 심미적인 듯하지만 상당 부분은 여전히 이러한 유형에 가까운 것이 오늘의 현상이다.

한정된 유(有)에서 무한한 신성을 표현하기 어려운 것은 글도 말도 시각적인 것만큼 마찬가지다. 이것을 굳이 언어 우상(verbal icon)이라고 한다면 이것도 우상의 범주에서 벗어날 수 없다. 각 개인이 갖는 상상력의 공적 표현만 자제할 수 있으면 우상의 올가미에서 벗어날 수 있다는 것은 오늘도 변함이 없다. 특히 시에 있어서 시어(詩語)나 동양의 범어가 내포하고 있는 운율, 그리고 상징과 은유의 함축성은 인간의 미적·종교적 상상력을 극대화할 뿐만 아니라 종교에서의 미적인 내용을 담아내기에 적절한 그릇으로 사용되어 왔던 것을 상기할 필요가 있다. 그렇다면 이것은 기독교에서 우상이 아닌가? 이슬람교는 신의 시각적 형상을 막기 위해 문양을 발전시켰고 글자를 도형화하기에 이르렀던 것은 현대미술에서 러시아 미술가인 말레비치처럼 형상을 미니멀(minimal)하고 개념화하는 길로 인도하기도 했다. 특히 러시아의 경우, 서구의 현대미술이 이입되면서 말레비치 같은 작가들에 의해 성화(icon)에 대한 미학적 흥미를 갖게 된 것은 러시아 국가주의가 본래 종교에서 기인한 것이 그 동인이라고 할 수 있을 것이다. 그러나 전통적인 성화를 극히 추상적으로 혹은 미니멀하게 현대화한 이러한 작품에서 대중들은 어떤 종교적 감흥이나 심미적 체험을 할 수 있을 것인가? 현대미술은 다시 문자화되고 교조화되어, 형상 대신 이슬람이나 유대교에서와 같이 새로운 기호적인 우상을 제작하고 있는 것은 아닐까?

그림을 보기 전에 그 밑에 붙어 있는 제목에 먼저 시선을 두는 순간 그 이미지가 텍스트(언어) 그 자체로부터 자유로울 수 없거나 종속될 수밖에 없겠지만, 이미지가 그 언어의 한계성을 넘어설 경우에 그 이미지는 텍스트와 비교할 수 없을 만큼의 힘을 발휘하는 것이다. 성서 텍스트를 원전으로 삼는 다양한 종교 이미지에 관하여 그 텍스트는 완전하고 온전하게 모두를 설명해 줄 수 없다.[8] 문자는 정신을 죽일 수 있지만 이미지는 문자에 활기를 불러 넣을 수 있는 것이다.[9]

'물새 소리보다 물새 소리를 흉내 내는 어린아이의 소리가 더 아름답다' 라는 이 짧은 한 문장은 신에 관해 연구하는 신학도들과 예수의 삶을 따르려는 모든 기독교 신앙인에게 감성과 이성이 어떻게 어우러지는가를 잘 보여 주며 이 문장을 읽는 이들로 하여금 물새 소리를 한 번 흉내 내 보고 싶은 충동, 즉 실천적 감흥을 불러일으킨다.

이미지의 힘

이미지는 언제나 그 이미지를 만드는 주체자에 의해 조작되며, 다수의 수용자에 의해 그것은 그 주체자의 제작의도와 관계없이 해석되기도 한다. 신문의 보도 사진이나 상업 광고 이미지들은 이미지의 조작과 허구가 무엇인지를 보여 주는 그 대표적인 것들이라고 할 수 있다. 이러한 이미지는 글보다 전염성이 더 강한 바이러스성을 띠는[10] 오염되고 위험한 힘이 들어 있다. '칼보다 펜이 강하다' 는 속담 이상으로 대중에 대한 호소력은 펜보다 이미지가 훨씬 더 강하다. 6세기 기독교에서 성 유물(relics)에 관한 숭배(cult)는 대중들에 의해 곧바로 종교적이거나 성인 이미지 숭배로 파급되어 나타남으로써 성 화상 논쟁을 한층 더 야기한 것이 그 좋은 실례다.

이천 년 동안 펜을 학문의 표현 도구로 사용하면서 발전시켜 온 인문학과 신학은 세상에서 더 이상의 호소력과 설득력을 구하기에는 그 어느 시기보다도 힘겨운 투쟁을 하고 있다. 결국 이미지를 축출하는 데 앞장서 왔던 현대의 개신교회들조차 교회 안에 신성 모독을 피해 갈 수 있을 만큼의 최소한의 이미지들로 치장하고 설교에서까지 이미지를 적극적으로 활용하고 있다. 성공회대학교를 비롯한 몇몇 신학과에서는 이미지에 관한 교과목을 교양과목으로 채택하고 있으며, 향후 학생들이 일선 목회에서 배우고 본 이미지들을 유용하게 조작하여 활용하기를 기대한다.

이미지는 힘이 있는 만큼 위험성도 내포하고 있다. 볼 수 없는 천사의 그림을 본 어린이는 보았던 천사의 이미지를 넘어 상상하기란 쉽지 않다. 이미지는 강하면서도 경제적인 매체이지만 문자에 예속될 때 그 힘을 잃게 되는 약점이 있다. 그러나 자신의 문자 프로파간다에 이미지를 부가하여 이용하는 정치 권력 이미지가 증명하고 있듯이, 일차로 문자와 이미지가 결합함으로써 주체자가 추구하는 최종 목적을 향한 새로운 제 이, 제 삼의 또 다른 이미지를 생산해 내는 힘도 바로 이미지에 있는 것이다. 사회주의 국가는 정치적 프로파간다를 위해 정치 포스터와 정치가 흉상 등을 끝없이 생산해 냈으며, 기독교는 이천 년 동안 수많은 상징과 그리고 여러 의미를 부여한 다양한 형상의 십자가와 성 화상을 제작하여 배포하고 있으며 그 십자가와 성 유물 아래 신자들은 무릎을 꿇고 한 우산 아래 모여 왔다. 마리아와 여러 성인에 얽힌 수많은 기적 사화는 그 성인에 대한 이미지에 애니미즘적인 힘을 덧붙여 담는다. 중세기에 구전으로 전파되었던 일련의 기적사화들은 언어 우상(ver-bal icon)에 다름 아니었으며 민중들에게 만병통치약으로써의 강한 힘이 있는 이미지였다. 수도원은 이러한 스토리텔링에 금빛 찬란한 금박을 입힌 성 화상을 제작하여 부를 축적했고 황제들은 그것으로 부를 축적한 부유한 수도원을 사이에 두고 쟁탈전을 쉬지 않았다. 황제들은 예수와 성인들의 반열에 들기 위해 모자이크로 자신 스스로를 장식하였는데 그것이 중세의 기독 교회와 국가의 이미지였다. 그러나 현대는 고전적인 성모 마리아 상이나 피에타, 고상의 예수 이미지의 힘은 쇠약해지고, 교황이나 대형 교회의 부흥목회자들이 살아 움직이는 성 화상으로써 현대 교회를 상징하고 있다. 여기에는 이와 관련된 이미지를 조작하는 주체자들의 일련의 의도에 기인한 것이라고 할 수 있다. 그러나 기독교 성 화상과 도상들은 언제나 성서를 텍스트로 삼아 재현되지만 그 작가들은 성서해석학자들과는 다른 상상력과 표현 기법으로 텍스트를 왜곡하기도 한다. 그러나 그 왜곡이 선(善)과 미적인 측면에서 심미적 이성으로써의 인간의 신앙심과 정서를 한층 고양시킨다면 그것은 순기능적 측면에서 논란의 시비 대상이 아니다.

성 화상 논쟁: 이미지 담론

이미지가 무엇인가에 대해 적절한 답을 할 수 없다. 플라톤에 따르면 초감각적 실재로써 에이도스(eidos)는 이미지 너머의 실재이며, 에이돌론(eidolon)은 감각의 대상인 에이콘(eikon), 혹은 그 유사물을 지칭한다. 즉 에이도스는 이미지 너머의 실재를 말하며 에이돌론은 그 실재의 재현 이미지로써 그림자, 유사물이다. 구약에서 신의 모습과 형상은 신 그 자신이라기보다는 신의 이미지이며 인간이 가진 신의 이미지를 본뜬 이미지, 이미지의 유사 이미지라고 할 수 있다. 오늘의 동방교회는 이미지(형상)의 의미에 관해에 '타락한 형상을 신적 아름다움과 연합시킴으로써 이전의 상태로 회복시켰' 라는 구절을 통해 '성육하신 하나님의 아드님께서 인간의 내면에서 아담의 타락으로 더럽혀진 신적 형상을 재창조하고 새롭게 하신' [11]라고 설명한다.

성 화상이란 최초의 하나님의 형상을 닮은 모습으로 돌아가기 위한 매체와 수단이다.[12] 그러나 장 보드리야르는 '모든 것은 복제이고 이미지이며 원판은 없다' 고 주장한다. 도정일은 '이미지란 디자인, 건축, 조각, 그림자, 꿈, 기억 아이디어, 심상, 묘사, 이론 그리고 개념이다. 그것은 서사 플롯, 세팅이고 캐릭터로써 재현이며 수행(performance)' 이라고 말한다.[13] 이미지는 더 이상 고전적인 시각적 이미지만을 지칭하지 않는다. 소통의 매체로서 그것은 멀티미디어 시대에 머리에 떠오르는 것, 느끼는 그 모든 것에 이름을 주면 그 이름이 곧 이미지인 것이다. 21세기의 멀티-영상 이미지는 종교 문화를 포함한 모든 현대 문화의 내면을 탈문자화하고 있다. 매체 역사로 볼 때 교회 역사도 세상사와 같이 처음에는 이미지에서 문자의 시대로, 문자의 시대에서 다시 이미지의 시대로 순환하고 있는 듯하다. 이것은 단지 문자냐 이미지냐의 문제가 아니라 구텐베르크의 활자의 위력이 그 시대의 패러다임을 전환했던 것처럼, 인간의 존재 방식과 사유 형태를 재구성하고 지식의 패러다임을 갱신한다는 점에서 이미지 연구는 중요한 것이다.14)

기독교는 이미지에 관해 언제나 불편한 심기를 참지 못하고 노출시켜 왔다. 인간의 표현 욕구는 언어만이 아니라 특히 감성과 감각에 더 의존하는 예술의 모든 영역에 걸쳐 있다는 것을 새삼 거론할 필요는 없지만 나라마다 신화가 있어서 저마다 그 신화를 소리나 운율보다는 이미지로 표현해 왔다. 그리스의 아테네 여신은 단순히 여러 여신 중의 하나가 아닌 국가, 폴리스의 여신이었으며 그 신은 상으로 표현되고 숭배되었다. 제작된 그 여신상이 당대 사람들의 눈에 아름답게 보였는지 아닌지는 알 수 없다.15) 지역에 따라 표현 기법이 발달하지 못해서일 수도 있겠지만 몸의 등신 비율은 후기 기독교 시기로 진입하면 오히려 그리스 기법을 전수받은 기독 교회에서는 조화롭지 않게 표현하기 일쑤였다.16) 이러한 표현은 어느 종교에서도 흔히 있는 현상이다. 이것은 동·서양 공통으로 신앙의 대상에 대한 형상을 사실적인 인간의 모습으로 표현하기를 의도적으로 피함으로써 신성한 타자로 환기시키기 위함이었을 텐데 이러한 양식이 정형화되어 아이콘 기법이 정착하게 된 것이라고 할 수 있다.

성서는 신에 대한 시각적인 그 어떤 이미지의 제작과 숭배를 엄격히 금지했다. 신성하고 침범 불가능한 모든 것이 언젠가는 신성 모독과 침범 행위를 불러일으킨다면,17) 인간이 볼 수 없는 신에 대한 시각적인 표현 욕구를 참지 못하고 제작한 신성한 이미지들은 결국 신성 모독으로 기소당하게 되는 것이다. 초대교회 시기에는 희생 제물을 드리는가 아닌가로 유대인과 기독교인을 구분했던 것처럼, 이미지에 대하여 숭배(worship)를 하는가 안 하는가로 기독교인과 이교도를 구분하기도 하였다.18) 초대 몇몇 교부는 이미지에 대한 제작 및 숭배 행위에 대하여 신학적으로 변증하고 또 장려했지만19) 성 화상 파괴주의자(iconoclast)들과의 몇 차례 종교회의를 통하여 성상 숭배자들의 신학을 이단으로 규정하거나 혹은 교회가 소극적으로 성상 지지자들의 의견의 일부를 수용하는 정도20)로 종결을 짓고자 했지만 그 논쟁은 쉽게 끝나지 않았다. 그 대표적인 논쟁이 기원 후 726년부터 843년 사이에 몇 차례 있었던 '성 화상 파괴 논쟁'(iconoclastic controversy)이다.21) 이 기간 동안 동방교회 대부분의 성 화상들이 교회 밖으로 철거되고 파괴되고 비잔틴 교회가 위기에 처해 있던 시기였다. 특히 성 화상 파괴주의자들의 문서가 소각되면서부터 이 논쟁에 관한 신학적·교리적 원인을 명확히 규명할 수 없어 오늘날까지 그 논쟁은 기독론과 관련을 갖고 계속되고 있는 논쟁이다.22) 그러나 흥미로운 것은 성 화상 파괴주의자들이 파괴한 상은 대체로 기독와 성모, 성인들의 상이었던 까닭에 오히려 이로 인하여 동물이나 새 등 기독 교회가 지금도 사용하고 있는 도상적 상징들로 빈 벽면을 채우기 시작했다. 상징을 구체화하는 경향이 극단화되면 우상 숭배가 될 수 있지만 오히려 그것은 여러 종교 예술의 원천이 되는 기회를 제공하기도 하였다.

서방교회에서는 중세가 시작되는 로마네스크 시기에 시각 이미지들이 교회 안에 안치되어 신자들로부터 조심스럽게 숭배되기 시작했다. 그러나 종교개혁 시기에 루터는 하나님에 관한 이미지를 제외한 다른 종교 이미지에 관해서는 관대했으며, 자신의 프로파간다를 위해 화가 크라나흐를 통해 자신의 이미지를 조작했던 것은 주목할 만하다. 그러나 대부분의 종교 개혁자들은 '성서와 믿음으로' 라는 슬로건 아래, 특히 칼슈타트(Andreas von Karlstadt)를 중심으로 한 일련의 급진적인 개혁가들에 의해[23] 교회에서의 시각 이미지들은 다시 수난을 겪었고, 그후 프로테스탄트 교회들은 이미지 대신에 '이미지를 거부하는 신학과 교리'를 오늘날까지 수용하고 있다.[24] 그러나 유대교는 우상(idol), 성상(icon), 형상(image)을 특별히 구분하지 않고 모두 금지하고 있다. 이것은 성상이든 형상이든 모두 우상의 범주에 넣고 있음을 의미한다. 야스퍼스(Karl Jaspers)가 상징주의란 끊임없이 미신이나 비유, 유미주의나 교조주의, 마술로 전락된다고 경고하고 있듯이[25] 성상과 형상은 언제나 우상으로 전락할 위험을 내포하고 있다고 믿고 있기 때문이다. 그러나 최근 이라크 전쟁에서 비롯된 이슬람 측의 대규모 불상 파괴와 국내의 기독교도들에 의한 불상 파괴는 종교에서의 이미지 담론에서 비롯된 것이 아니라 타 종교와의 갈등에서 비롯된 것이라고 할 수 있다.

영국의 내셔날 갤러리 소장품 중에 현대미술까지 포함하여 기독교를 주제로 한 작품이 소장품의 절반 가까이 된다는 것은 현대 작가들도 기독교에 관한 주제가 아닐지라도 역사가 깊은 기독교 미술 도상을 빌려 자신들의 작품을 제작하고 있다는 것을 의미한다.[26] 그럼에도 불구하고 이탈리아 건축가 지오 폰티가 프랑스 어느 건축 잡지에 실린 '우리는 아직도 교회를 건축할 수 있는가'라는 질문을 읽고 충격을 받았던 것처럼[27] 현대 미학자 해리스(Karesten Harries)도 현대에도 여전히 종교 예술이 가능할 수 있겠는가?[28]라는 같은 질문을 한다. 감각적인 것으로 참된 실재를 들어낼 수 있는 것인가, 아니면 실재를 드러내는 대신에 예술가들은 그 실재의 환상이나 그 현상에 만족하려는 것은 아닌가 하고 자크 마리탱(J. Maritain)이 예술가를 의심했던 것처럼, 예술이 기독의 인성은 드러낼 수 있겠지만 그 신성을 드러낼 수 없다는 것이다. 이 말은 유한으로 무한을 표현할 수 없다는 의미로써 감각적인 것과 신적인 것의 괴리를 선언한 셈이다. 폰티도 종교 예술이란 예술의 문제가 아니라 신앙, 믿음의 문제라고 못 박고 있다. 감각적인 것과 신적인 것의 결합은 결국 종교를 타락시키는 것처럼 오해를 불러일으킴으로써 오늘날 '예술이 없는 종교'가 탄생하게 되는 것이다.

프랑스 사회학자 질베르 뒤랑(Gilbert Durand)은 서양 문화사를 성상(상징) 숭배주의와 성상 파괴주의의 반복적인 연속과 합류라고 주장한다. 상징과 리얼리즘의 역사적 순환의 간극에서 현대 디지털 시대는 이 둘이 동시에 공존하고 있다. 감각을 사랑하는 상징주의자들은 '모든 예술은 하나의 기본적인 신비를 번역한 것이며, 감각은 서로 일치하고, 소리는 향기로 번역될 수 있고, 향기는 시각으로 번역될 수 있다'고 생각했다.[29] 현대는 감각을 극대화하기 위한 테크놀로지를 개발하여 사용하고 있다.

인간은 인간의 형상을 한 것이라면 그 형상이 어떤 특성을 가졌는가에 관계없이 관심을 가져 왔다. 그것이 조각이건 회화건, 장난감 인형이건 로봇이건 관계없이 거기에 자신의 감정을 이입시키는 데 열중해 왔다.[30] 인간이 신의 형상에 따라 지어졌다면 신의 형상도 이 범주 밖에 있지 않으며 인간은 자신이 만든 이미지에 대하여 초월적이며 신성한 감정 이입을 해 오고 있는 것이다. 그렇다면 이것은 인간의 원초적인 종교적 감성의 표현인가 우상숭배 행위인가?[31] 이미 영화에서는 상호작용 테크놀로지가 도입된 바 있다. 머리는 거짓말을 할 수 있지만 몸은 거짓말을 못한다는 것에 착안하여 기계는 인간의 신체 언어를 인식하고, 입력된 신(말씀의 하나님)과 비언어적 커뮤니케이션의 새로운 코드를 갖고 몸으로 대화를 나누며 자신의 신앙과 도덕성, 감성을 교정해 나간다. 보이지 않고 두려워 볼 수 없지만 보고 싶고 말을 건네고 싶은 초월적 신을 만나는 순간이다. 비잔틴 시대의 아이콘의 기능은 단순히 문맹자를 위한 그림성서 기능만을 했던 것이 아니며, 하나님의 살아 있는 성 화상으로써 예수 기독를 지칭하고자 했던, 복잡한 이미지를 둘러싼 기독론 논쟁을 넘어 성 화상은 당대 신앙인들의 볼 수 없는 신에 대한 믿음의 구심점이었으며 신성에 대한 감정이입의 매체였던 것이다.

미의 신학: 대상과 글쓰기

미에 관한 신학적 사상 분야로서는 성서해석학과 교부들로부터 읽을 수 있는 미에 관한 사상, 종교적 경험에 관한 미적인 요소들이 주된 연구할 분야일 것이다.[32] 방법론에 있어서도 전통적인 조직 신학의 틀에 비추어 하젤튼(Hazelton)같이 종교 예술로서의 현현이나 소명으로서의 예술, 찬양으로서의 예술 등[33]으로 분류하여 연구할 수 있을 것이며, 장르별로 구분하여 교회 건축, 성 가구, 교회 음악, 기독교 문학, 드라마, 춤, 회화, 조각, 기독교 예술가 연구, 수도원에서 제작된 예술품 연구 등 다양한 분야가 미학적 신학의 연구 대상이 될 수 있을 것이다. 좁게는 일반 건축사와 미술사 분야에서 중세 미술과 특히 '아이콘 신학'을 중점적으로 다룰 수 있을 것이다. 인간의 오감이 종합적으로 교감하는 전례를 포함한 예배학과 설교학 분야, 그리고 교회 건축, 회화와 조각, 음악, CCM에 이르기까지 현대 예술에 관한 것을 미학적인 시각에서 다룰 수 있다. 문자나 언어의 표현 한계성으로 인해 풀어낼 수 없는 영성이나 예배학 분야에서 더 풍부한 신학적 표현을 위한 보조적인 매체로써 이미지를 활용하는 경우도 연구 대상일 수 있다. 대체로 지금까지의 종교와 예술에 관한 연구는 일정 작품에 대한 미술사학자들에 의한 도상학적 연구와 소수 신학자들에 의한 도상학에 대한 보조적인 신학적 서설 정도였다고 할 수 있다. 그러나 이 모든 장르의 연구에 대한 기본 텍스트와 시각이 성서이며 성서해석학에 따라야만 하는 당위성은 있는 것인가? 그렇다면 그 다양한 성서 해석 틀은 어디에서 채용할 수 있는 것인가?

미술평론가 서성록(안동대 미술학과)은 자신이 하나님을 체험한 후에 자신의 평론 대부분을 성서적 시각으로 조명하는 데 상당 부분을 할애하고 있다. 서성록은 성서가 하나님을 창조적 예술가로 소개하고 있다고 말하며, 하나님의 미적 기준을 아담을 지으신 후 했다는 '보시기에 좋았더라' 라는 말을 그 기준으로 삼고 있다. 그는 성서학자는 아니지만 '좋았더라'(kala)라는 단어는 '선하고 아름다운 상태' 라는 의미를 내포하고 있다고 할 수 있기 때문에 이것을 '아름답다' 라는 단어로 바꾸어 사용해도 무리가 없을 것이라고 주장한다. 이 아름다움이야말로 자연과 예술품 감상의 참된 판단 기준이 된다는 것이다.34) 그러나 여기에서 말하는 하나님의 시각으로서의 아름다움, 성서가 말하는 아름다움의 추상적인 단어의 의미 해석도 인류가 지금까지 분석하고 연구해 오고 있는 다양한 성서해석학 방법론과 미학적인 틀 밖의 의미이거나 범주일 수는 없다는 점이다. 여전히 미학적 신학의 연구 방법론도 하나님께서 값없이 제공하는 것이 아니라 인문학적인 방법론의 범주에 있는 것이며, 창조적인 '글쓰기' 방식으로써 미학적 신학의 구축을 위한 기존 신학과의 차별화를 시도할 여지는 있는 것이다.35) 신학이라는 학문의 속성이 철학과는 달리 논리적인 오류가 없는 글쓰기에 있는 것이 아니라면 현대 사회의 다양한 표현 매체를 통해 은유와 상징, 그리고 상상력을 환기시킬 수 있는 미학적 신학을 할 수 있는 방법을 모색하여 고답적인 신학적인 글쓰기에 숨통을 열어야 한다는 것이다. 신학에서도 중요한 주제였던 '신 존재'를 증명하는 방법론은 안셀름 이후 신학자들의 학문적 수고와 글쓰기로 오늘의 신학으로 발전한 것이라고 할 수 있다. 어느 학문 분야보다도 역사가 길고 다양한 방법론을 지닌 학문 분야임에도 불구하고 현대의 신학은 방법론적인 보수성으로 인해 다른 인접 학문으로부터 오히려 차별받는 학문으로 추락한 것에 대한 회복과, 디지털 시대에 부합하고 인문학을 선도할 수 있는 독특한 글쓰기의 가능성은 여타 학문보다 신학이 예술평론 이상으로 내포하고 있는 것이다. 무엇보다 더 넓은 감성(sensibilities)의 신학 지평을 넓히기 위해서라도 종교와 예술의 관계성과 종교적 예술 작품에 대한 연구 노력은 반드시 필요하다. '보는 것이 곧 믿는 것'이라는 현상학자들의 주장은 차치하더라도 인간의 종교적 감성을 고양하기 위해서라도 기독교에서의 이미지의 복원은 '언어우상'을 끝없이 발전시켜 왔던 신학 작업 이상으로 필요한 것이다.

감각과 신학

기독교는 감각이란 언제나 악의 유혹을 받을 수 있는 위험한 것으로써 이성의 지도를 받아야만 한다고 생각해 왔다. 특별히 감각을 필요로 하는 성 화상, 이미지에 관한 신학은 그래서 언제나 위험한 신학이었고 기피하거나 아예 부숴 없애 버리는 것이 편한 담론이었다.

　성스럽고 신성한 그 무엇을 경험한다는 것은 피상적인·관조적인 태도를 넘어서, 인식이나 환영을 넘어서는 곳에 신에 대한 숭배와 봉헌이 있다.36) 모든 신학 분야에 심미적 이성이라는 필터를 통해 새로운 글쓰기가 가능하리라는 기대를 당장 하지 않는다 할지라도 특별히 전례학이나 예배학 분야에서 감각에 관한 연구는 매우 중요하다. 미국의 성공회 여성 전례학자인 마리안 믹스(Marianne H. Micks)는 예배현상학(*The Phenomenon of Christian Worship*, 1970)37)에서 예배에서 인간 오감이 어떻게 적용하는지에 대한 그 중요성을 말하고 있다. 여기에는 성 화상에 대한 시각, 교회 공간에 대한 몸의 유기적인 체험, 유향에 대한 후각과, 평화의 인사에서 나누는 이웃의 손의 온도, 성체의 나눔과 포도주의 맛에 이르기까지 사람이 감지하며 신과 소통하는 한 편의 예배 안에는 인간의 오감이 곳곳에 스며 있다. 집전자와 예식에 참여하는 사람에 따라 그 체감의 정도는 차이가 있겠지만 교회는 이러한 인간의 오감과 상상력을 극대화하기 위하여 예배를 드라마처럼 조작하기도 하며 제단을 장식하고 대중심리를 이용하기까지 하는 것이다. 하나님께 드리는 대중의 공적인 예배가 신학의 꽃이라고 한다면 그동안 신학이 이러한 예배에 어떤 영향을 주고 인도했는지를 물을 필요가 있다.

학문과 현장이 언제나 괴리되는 신학과 교회의 간극에서 설교자의 음색, 몸짓까지 포함하는 예배가 해야 할 몫은 두드러진다. 예배에 실험이란 없지만 특성상 실험성이 강하고 예술적인 창조성이 개입할 여지가 많기 때문에 그 형태가 다양할 수 있다. 미술, 음악, 스토리텔링, 연극, 춤, 영상에 이르기까지 예배에 활용할 수 있는 매체는 감각적이며 이러한 요소들은 예배에서 종교적인 감성을 풍부하게 한다. 전형적이고 고답적인 전례의 틀을 조금만 벗어나도 사람들은 자유하고 창조적이며 매력 있는 예배를 드릴 수 있는 것이다. 미학적 신학은 이러한 예배의 틀과 분위기를 형성하고 신학적인 이론적 뒷받침을 동시에 제공할 수 있는 종합신학, 신학의 종합으로서, 실천적 덕목으로서의 '심미적 이성'을 구현할 수 잇는 적절한 장(場)이다. 온몸과 정성을 다해 드리는 예배는 이성보다는 종교적 감성에 의존하는 예배다. 교회 건축에서의 양식과 질감, 비례, 조명, 색깔, 공간에 대한 미적 체험도 이성에 의하는 것이라기보다는 인간의 오감으로 인지하는 것이다. 예배학 분야뿐만 아니라 지루하고 어렵다고만 느껴지는 신학의 기본 텍스트로서의 성서학 연구, 신학의 전 분야에도 다양한 심미적 이성이라는 미학적 방법론을 통해 새로운 신학 연구의 지평을 넓혀갈 수 있을 것이다.[38]

이미지 토착화

오늘날 우리가 보고 있는 신의 도상 이미지는 성서에 나타나는 예수 이미지라고 하기보다는 교회사 안에서 교조화되거나 서양인이 작가들이 체험하고 표현한 조작된 기독 이미지다. 라틴 아메리카에서는 토착화 도상을 의도적으로 억제했으며 오늘날에 이르기까지 종교미술 분야에서 이국적인 미술은 타자의 미술로서 서자 취급을 받고 있는 상황이다.[39] 교회 건축을 포함한 이러한 이미지들을 탈식민주의와 오리엔탈리즘적인 시각에서 많은 학자가 비판하고 있는 것은 바로 우리 식의 이미지 형성에 대한 역사적인 단절에 관한 원인 규명과 현재 한국 기독교 문화에 관한 비판 연구라고 할 수 있다.

   신의 이미지와 그 신학이 성서를 텍스트로 하여 각 시대의 정신과 문화 매체를 통하여 표현되었던 것처럼, 오늘의 시대 정신과 매체를 통하여 서구적 신의 이미지를 '우리식'으로 표현해야 할 당위성이 있다고 한다면 우리식이란 바로 '이미지의 토착화 신학'이라고 할 수 있다. 토착화에 관한 담론은 모든 인문학, 건축학 분야에서 오래 전부터 지금까지 지속되고 있지만 종교적 이미지에 관한 연구는 드물다. 이것은 토착화 신학에서도 '이미지와 사상(신학)'의 상호관계성에서 모두 발전할 수 있는 소재임에도 불구하고 기독교 성화를 비롯한 토착화 작품의 예술성과 그 이론은 미진하다.[40]

한국 기독교인들에게 기독 이미지는 그들이 출석하고 있는 교회 건축 양식과 교회의 장소에 따라 다르겠지만, 대부분 백인 서양인 모습으로 그려지고 있으며, 교회에 장식된 성모 마리아를 비롯한 기독의 이미지도 대부분 서양인의 형상 이미지를 안치하고 있다. 이렇게 된 원인 논쟁은 여기서는 하지 않는다. 토착화 신학도 언제나 언어 우상(verbal icon) 안에 갇혀 있다. 특히 기독의 모습은 시대와 각국의 문화에 적응하면서 변천하여 왔다. 종교적 관념이나 교리, 교파에 따라 다양한 형태의 기독 이미지가 표현되고 있기 때문에 다양한 기독 모습에서 동일성을 찾기란 쉽지 않다. 우리 식의 이미지 제작은 우리의 영성이 요구되는 일이며, 우리의 신학 발전을 한층 고무시키고 신앙인들의 신 관념에도 큰 영향을 미칠 것이다. 그러나 '우리식'이라는 것에는 전통으로부터 새로운 것을 찾아내면서 어떻게 국수주의에 빠지지 않을 것인가라는 난제가 있으며, 글로벌이라는 새로운 세계 질서 속에서 지역의 특수성과 정체성을 강요하고 있는 새로운 오리엔탈리즘의 난제를 극복해야 할 과제도 있다. 그럼에도 불구하고 우리의 기독 이미지, 종교적 이미지, 교회 건축, 성 가구 등을 찾아야 할 당위성은 분명히 있는 것이다.

맺는 글

이미지는 인간의 일상에서 공기처럼 호흡하고 있다. 이 중에는 인간에게 이익과 해악을 주는 이미지가 있으며 그 구분은 용도에 따라 명확하지 못하다. 이미지들은 조작자들에 의해 바이러스처럼 전파되고 막강한 힘을 갖는다. 종교와 정치는 이러한 이미지의 속성을 적극적으로 활용하여 자신들의 프로파간다에 활용하고 대중들은 조작자들이 언제나 일정하게 포장해 제공한 이미지 앞에 모여 무릎을 꿇었다. 상황에 따라 이미지는 우상으로 변성하기도 한다. 기독교에서 신학자들은 스토리텔러로서 이미지들에게 의미와 가치를 부여해 주거나 이미지를 파괴하는 데 이론적인 뒤받침을 제공했다.

현대의 이미지는 과거 소수의 이미지 조작자에 의해 제공된 이미지와의 관계성을 넘어, 테크놀로지의 힘을 빌려 모든 개인이 이미지 조작의 주체자가 되는 시대가 되었다. 구텐베르크 혁명 이상의 패러다임 변화가 왔다. 조만간 기독 교회 신자들은 천국과 지옥을 가상체험할 수 있는 멀티 이미지 기반 위에서 신앙생활을 하게 될 것이다. 모든 신학교와 목회자들은 새로운 멀티 이미지를 수용하고 그것을 매체로 교육할 것이며 이것들은 새로운 우상으로 숭배될지도 모른다. 다시금 이미지 담론으로써 성 화상 파괴 논쟁은 새롭게 제기되어야 한다.

신학, 현대 멀티미디어 사회에서 신학하기란 무엇을 의미하는 것일까. 더 이상 언어와 문자에만 의존하는 스토리텔러로서의 신학적 기능은 한계가 보이는 듯하다. 끝없이 창출되는 새로운 멀티이미지들에 대하여 과거 성 화상들에게 그랬듯이 어떤 의미와 가치를 부여해 줄 것인지, 새로운 종교 디지털 이미지들을 구축하는 데 어떤 이론적인 토대를 제공할 수 있을 것인지가 신학자와 인문학자들이 피하지 말고 껴안아야 할 과제인 것이다. 그래서 신학을 '심미적 이성'이라는 모호한 시각으로 새롭게 구축해 보자는 것이다. 이미지는 그것이 멀티이든 디지털이든 인간의 감성과 상상력을 기본으로 구축되기 때문이다.

과거 중세기의 성 화상 논쟁을 통한 이미지 담론에서 현대 교회는 새로운 이미지 시대에 적절한 힌트와 지혜를 얻을 수 있을 것이며, 미학적인 시각이나 심미적인 글쓰기 방식을 통해 신학하기를 새롭게 구축해 나갈 수 있을 것이라는 기대를 해 본다. 전통적인 논문의 틀을 벗어나 신학자는 하나님과 교회에 관한 스토리텔러로서, 수필이나 소설, 시와 같은 다양한 매체를 통해, 시대 정신을 담는 현장성 있는 신학적 이미지를 형성해 갈 수 있을 것이다.

한국 현대 기독교 미술과 옥션

최근 국내 기독교 기관 각지에서 기독교 미술품 옥션 설립에 많은 관심을 보이고 있다. 이 글의 앞부분은 한국의 현대 기독교미술에 관한 비평이며 뒷부분은 최근 국내 기독교 기관 각지에서 기독교 미술품 옥션설립에 많은 관심을 보이고 있는 것에 따라 특히 기독교 미술품 옥션이 지향해야 할 방향과 정체성에 관한 글이다. 한국의 현대 기독교 미술의 질적인 고양과, 신자를 포함한 일반시민들의 미적 안목을 고양시키기 위해 기독교 미술품 옥션에 대한 평가는 긍정적일 수 있겠지만 반면 투기로 인한 부정적인 측면도 간과할 수 없는 것이다. 기독교 미술품 옥션이 활성화되기 전에, 이윤추구의 개별 경쟁적인 자본주의 사회에서 본질적으로 공산주의적 성향이 짙은 기독교가 그 정체성을 크게 손상당하거나 변질시키지 않으면서 동시에 자본주의 시장의 맹아라고 할 수 있는 옥션을 어떻게 운영하며 바라볼 것인지에 대한 신학적인 고심이 있어야 한다.

기독교에서의 이미지 담론

기독교에서의 미술(시각 이미지)에 관한 담론의 시작은 구약 십계명 율법으로 인해 금기시 되어오다가, 본격적인 담론은 726년 레오 3세에 의해 주도된 성 화상(Icon)에 관한 논쟁[1]부터라고 할 수 있다. 이미지 중에서도 신(하나님과 예수 그리스도)에 대한 이미지 제작은 금지되었지만, 성인이나 성서 내용을 주제로 한 이미지(종교화, 제단화)들은 주로 수도원을 통해 제작되었고 이러한 작품들은 교회와 일부 부유층들에게 보급되었다. 특히 동방교회에서는 성인들의 이미지(아이콘)에 기적 사화를 부가시켜 보급한 이미지들은 부적과 같은 기능을 갖게 되어 일반 대중에게 크게 숭배받기에 이르렀다. 이러한 이미지들에 대한 수요 급증으로 경제적인 부가가치가 높아지자 이것을 제작한 수도원들은 물질적인 풍요를 이루게 되었다. 이렇게 부를 축적한 수도원을 장악하기 위한 수도원(원장)과 교회(교황), 수도원과 왕(황제, 군주), 교회와 왕 사이의 권력 싸움은 지속되었다. 이 싸움의 명분은 성 화상에 관한 신학이었는데 이 논쟁은 크게 두 가지로 대립하였다. 첫째는 이미지 숭배의 끝은 물질과 물성 자체에까지 숭배할 수밖에 없다는 우상 타파적인 주장과 다른 하나는 이미지 숭배란 물질 자체에 숭배하는 것이 아니라 이미지를 통해 성인들의 발자취를 환유함으로써 이를 바라보는 신자들의 신앙과 교육에 도움이 된다는 주장이었다. 성 화상 논쟁은 결국 기독론 논쟁으로 이어졌는데 예수 그리스도야말로 하나님의 살아 있는 성 화상이라는 성 화상 지지자들의 주장이 그 시작이었다고 할 수 있다. 결국 이 논쟁은 11세기까지 이어지면서 동방교회에서는 이미지 자체를 숭배하는 것이 아니라 성인들의 영성과 예수의 말씀 같은 성서 내용을 신앙적으로 환유하는 매체로 수용하였다.

이것을 통해 신앙을 고양시키며 성인들은 존경받아 마땅하다는 이유로 교회 내부에 성인들의 도상과 성서 내용을 주제로 한 성화를 설치할 수 있기에 이르렀다. 그러나 여전히 교회 안에 입체적인 조형물 설치는 금지하고 있다. 서방 가톨릭교회는 동방교회와 같은 이미지 논쟁을 거치지 않으면서도 교회의 필요에 따라 종교화나 조형물을 신앙을 고양시키는 교육과 장식용으로 사용하고 있다. 종교화는 물론 예수 십자가상을 비롯하여 피에타를 위시한 성모 입체조형물 설치도 허용하고 있다. 개신교회는 16세기 종교개혁을 통해 말씀 중심의 교리를 이유로 이미지를 우상숭배이며 말씀을 흩뜨리는 반기독교적인 매체로 규정짓고 교회 안에서의 사용을 전면 금지하였다. 그러나 정작 루터는 자신의 종교개혁을 효과적으로 수행하기 위해 크라나흐(Lucas Cranach)를 통해 자신의 초상화를 유포시켰으며 시각예술에 대해 어느 정도 우호적이었으나2) 칼뱅은 교회 안에서 이미지 사용을 금지하였고 급진주의자였던 칼 쉬타트(Andreas von Karlstadt)는 교회 안에 있던 모든 이미지를 파괴하기까지 하였다. 이 전통은 현대 개신교회에 까지 이르렀는데 소수 진보적인 현대 한국 개신교회는 말씀 중심의 교리와 성화교리를 크게 방해하지 않는 한 신앙과 교육에 도움이 될 수 있는 종교화에 대하여 우호적인 신학적 입장을 취하고 있으며3) 교회 안에 설치하기도 한다. 교회나 신자 가정집에서 대중적으로 사용하고 있는 이미지로서는 겟세마네 동산에서 기도하는 예수 이미지와 예쁜 동산에서 어린이들에게 말씀을 전해 주는 인자한 예수 이미지가 있다. 모두 턱수염을 적당히 예쁘게 기른 서양인 이미지의 예수다. 시각 이미지에 과민했던 개신교 전통이 시대의 흐름에 따라 이미지에 대한 변변한 신학적 논쟁 없이 서서히 막을 내리고 있는 것이다.4)

현대 동방교회는 전통적인 아이콘화 이외에 특별한 다른 종교화를 교회 안에 설치하지 않으며 가톨릭교회는 주로 예수 십자상과 성모상, 그리고 색유리를 교회 안에 설치한다. 한국의 가톨릭교회는 성 미술에 관한 위원회를 상설하여 교회미술품의 장려와 검열을 하는데, 성체 함, 성작, 색유리, 십사처, 예수상, 성모상, 제대를 비롯한 성 가구와 기타 종교화에 이르기까지 해마다 한국가톨릭미술가협회5)에 속한 미술가들이 전시회를 하고 있다. 개신교회는 1966년 한국기독교미술인협회를 창설하여 해마다 전시회를 하고 있지만 가톨릭에 비해 그 활동과 밀도가 미미한 편이다. 교회 안에서 사용할 수 있는 품목이 성가구 외에는 제한되어 있기 때문에 대체로 성서 내용을 주제로 한 종교화와 서예가 전시품의 주종을 이루고 있다.

기독교 미술과 교회 미술6)

넓게 정의한다면 교회에서 사용하지 않더라도 기독교를 내용으로 담은 미술을 기독교 미술이라고 할 수 있으며, 교회에서 사용하는 미술 즉, 색유리, 제단화, 십사처, 십자가, 성모상 등과 같이 전례와 교육을 위한 것을 교회 미술이라고 할 수 있다. 이런 점에서 교회 미술은 기독교 미술 안에 포함될 수 있다. 기독교 신앙인이 아닌 작가가 기독교를 주제로 한 작품을 제작했을 때 이것을 기독교 미술이라고 할 수 있는지에 관한 논의도 있다. 비록 비신앙인의 작품이라고 할지라도 관객이 그 작품을 통해 기독교적 감흥을 받는다면 그것은 기독교 미술이라고 할 수 있다. 작가가 신심이 깊은 기독교 신자이면서 기독교를 주제로 한 미술을 제작했을지라도, 그 작품이 관객들에게 어떤 감흥도 주지 못한다면 작가가 제도 안에서 활동하면서 신념으로 전시한다고 할지라도 그것은 토론할 여지도 없이 작품 범주에 들지 않을 것이다.

초기 기독교 박해시대에는 기독교를 상징하는 여러 기호가 등장하기 시작했는데 이 기호들에 의미 층이 두터워지면서 상징을 부여한 도상이 되기도 했다. 기독교를 상징하는 물고기 형태나 마리아를 상징하는 백합, 영혼불멸을 상징하는 공작새 등과 같은 다양한 이미지에 이와 같은 기독교적인 의미를 부여하고 제작하여 이것을 기호 혹은 상징화하여 예배와 교육을 위한 매체나 장식이나 표지로 사용하여 왔다. 가톨릭이나 개신교에 관계없이 현대 교회들은 전통적으로 내려오고 있는 이러한 상징적 도상들을 큰 교리적 검열 없이 다양한 용도로 사용하고 있다. 그러나 도상학자들에 의해 이미 밝혀진 이미지들 이외에 현대에 와서 새롭게 창작하여 사용하는 상징 도상은 없다. 이러한 도상들을 원형으로 한 다양한 형태로 디자인하여 사용하고 있을 뿐이다.

새로운 기독교 도상을 창조한다는 것에는 여러 가지 어려움이 뒤따른다. 우선 누군가에 의해 새롭게 창작된 도상에 의미를 부여하고 그것을 통해 상징적인 공감대를 창출하여 권위를 부여할 것인지는 쉽지 않다. 새롭게 창출된 도상을 많은 교회와 신자들의 일정 기간 연속적인 사용의 결과로써 시간이 지남에 따라 기독교 안에서 자연스럽게 공감대가 형성되어야 그것은 가까스로 유사한 도상으로 자리하게 된다. 이것도 일정 기간 사용이 단절되면 이러한 도상은 사멸되기 쉽다. 최근 해방신학과 민중신학에 힘입어 정치적으로 불안정한 국가에서 체 게바라 이미지와 유사한 혁명가 청년 예수 이미지들이 창작되어 교회운동권에서 사용하고 있다. 그러나 이것이 후대에서도 도상으로 자리매김 할 수 있을 것인지는 미지수다. 유럽 중세기에 교회에서 사용하던 여러 가지 상징과 기호는 그 당대 사람들에게는 일상 언어와 같았으나, 종교개혁 이후 그 의미전승이 단절되면서 현대인들은 중세의 기호와 도상을 그 당대 사람들처럼 이해하지 못한다. 도상은 그 사회의 상황에 따라 한시적인 도상으로 사용되다가 사멸한 것도 있고, 오늘 까지 전해 내려오는 도상도 있다. 전통적인 도상일지라도 시대에 적절하게 새롭게 디자인될 수 있다. 도상의 재창조는 지속되어야 하며 이러한 작업은 그 시대의 작가와 신학자들의 몫일 수 있다.

종교화만 창작될 수 있는 것이 아니라 도상도 그 시대의 산물인 만큼 오늘날에도 창조될 수 있으며 이러한 창출을 통해 기독교의 선교 진흥은 물론, 기독교에 대한 다양한 시각적 표현을 통해 신앙과 영성, 교육을 보다 심도 있게 할 수 있으며 기독교인들의 미적 안목도 고양시킬 수 있는 것이다. 천문학적인 금액의 거대한 교회 건물을 축조할지라도 값싼 미술품(키치)들이 그 공간에 자리하게 된다면 그 예배는 싸구려 예배가 되기 십상이다.

문자 이미지와 시각 이미지

이미지도 소통하는 언어들 중의 하나며, 시각 이미지는 문자 언어의 한계를 극복하거나 상상력과 감성을 문자보다 한층 더 환기할 수 있는 매체다. 말씀 중심이란 문자 언어만을 의미하지 않는다. 시각 이미지가 우상이라고 한다면, 문자도 우상일 수 있다. 무한한 하나님을 한정적인 언어에 가두거나 무한함을 문자 매체만으로 표현할 수는 없는 것이다. 찬양과 경배를 위해 문자와 음악을 활용하면서도 시각 이미지에 인색한 기독교는 처음부터 문맹이 많았던 시대에 읽고 듣는 것보다 본다는 것에 더 민감했다고 할 수 있다.

현상학자 메를로 퐁티(Maurice Merleaue-Ponty)는 사유(지각)는 보는 것에서부터 출발한다고 주장한 바 있다. 또 시각이 청각보다 더 자극적이며 즉각적이라는 설도 타당하지 않다. 상황에 따라 청각이 한층 더 섬세하며 자극적일 수 있는 것이다. 종교 개혁자들은 중세의 시각 문화(고딕성당 정문 위에 최후의 심판이 부조된 팀파눔)가 상상력을 고양시켜 천국에 대한 환상과 지옥에 대한 공포가 귀를 통한 말씀보다 더욱 심하게 각인시키는 것을 우려하여 모든 시각 이미지를 우상으로 치부하고 교조적이며 직설적인 말씀 중심으로 강하게 전향했을 가능성도 있다. 실제로 중세 교회는 이러한 이미지들을 이용하여 다수가 문맹이었던 신자들을 신앙적으로 양육하는 반면에, 상황에 따라 이미지를 통해 공포심도 유발시켜 구속하고 감시했다. 시각 이미지는 상상력이 부족한 사람들에게는 상상력을 고양시키는 힘이 있지만, 눈으로 본 것 이상의 상상력을 유발시키는 힘은 부족하다. 그러나 문자를 통한 상상력의 범주는 사람의 능력에 따라 무한하다. 특히 소설이나 시, 음악은 그림이나 영화와 같은 시각 이미지보다 더 큰 상상력을 유발하기도 한다. 플라톤은 예술가 중에서도 특히 시인들이 아테네의 젊은 청년들에게 상상력을 불어넣어 이들을 나약하게 만든다고 비난하였다. 종교 개혁자들의 말씀은 소설이나 시와는 성질이 다르게 가능한 상상력을 배제시킨 규범적이며 직설적인 절제된 웅변 같은 설교를 통해 자신들의 주장을 강하게 관철하고자 했다.

루터는 예배에서 제단화 같은 시각예술을 허용하고 교육적으로 활용하고 시각예술도 하나님을 찬양하고 감사드리는 표현이며 동시에 말씀의 연장으로 간주하였다. 같은 종교 개혁자라고 할지라도 특히 칼쉬타트는 1521~22년 사이에 비텐베르크를 중심으로 성 화상을 파괴하였는데 교회 안에 성상을 비치하는 것은 십계명의 제1계명을 위배하는 것이며 제단에 새겨진 우상들도 유해하고 사악한 것이기 때문에 이러한 것들을 파괴하는 것은 선하며 합당하고 찬양받을 일이라고 하였다. 루터의 육화교리는 영성이란 물질과 분리할 수 없으며 은총의 수단으로써 시각예술은 복음을 실어 나르는 도구였다. 즉, 그림과 말씀을 상호 보완함으로써 더 효과적으로 복음을 선포하고자 하였다. 결국 종교 개혁자들이 성 화상의 효용성에 관해 주창한 것은 중세 말기 성 화상에 매달리며 기적과 은총, 기적을 바라던 개인적인 기복신앙을 타파하고 말씀 중심으로 온전히 서기 위함이었다고 할 수 있다. 종교개혁시기에는 이미지에 대한 담론은 신학적이기 보다는 중세말엽에 극심했던 성인 숭배와 유골 숭배, 성 화상 숭배를 비롯한 성지순례까지 미신적이며 기복적으로 왜곡시킨 가톨릭교회에 대한 비판과 믿음을 바로 세우고자 했던 저항으로서, 성 화상이 수난을 당했다고 할 수 있다. 이미지에 관한 종교 개혁자들의 말씀 중심의 신학은 오늘날까지 개신교회가 시각 이미지들에 관해 신학적으로 불편한 전통을 갖고 있는 것이다.

기독교와 현대미술

감각적인 것을 그다지 바람직하게 여기지 않았던 기독교의 사상적 전통에서 볼 때 시각 이미지(예술)는 종교를 세속화하고 본질을 왜곡시키는 것이며, 우상숭배와 기복주의로 흐르게 한 주범으로 간주되었다. 무한한 하나님에게 어떻게 명사를 붙일 수 있는지에 대한 보편논쟁은 아름다움(예술)과 성스러움(종교)을 분리시켰다. 예술이란 매체로는 하나님의 인성밖에는 표현할 수 없다는 것이다. 현대에 와서 하나님은 자유나 존재로 대체되기도 하였다. 서유럽에서는 아이콘을 제외한 그 밖의 제단화와 성당을 장식하는 종교화와 같은 기독교 내용을 담은 회화와 조각상들은 르네상스와 종교개혁 시기를 지나면서 점차 시들해 졌다. 현대에 이르러 종교화 제작만을 고집하는 특별한 작가들을 제외하면, 고갱과 고흐, 루오, 피카소와 같은 작가들의 종교적인 주제의 작품에서도 볼 수 있듯이, 세속적인 화가와 종교적인 화가의 구분은 사라졌다. 말레비치 같은 러시아 아이콘 전통을 기반으로 작품 활동을 하는 작가도 있지만 현대미술에 와서는 기독교 도상적인 영향은 약화되었지만 기독교를 내용으로 한 종교화는 꾸준히 제작되고 있다.

현대 예술은 세기 초의 다다이즘(Dadaism), 추상 미술, 개념 미술(Concept art), 팝 아트(Pop Art), 비디오 아트에 이르기까지 그동안 인간이 예술에 관해 경험하고 구현해 온 모든 것의 요약 판이라고 할 수 있다. 현대미술은 세기 말과 초, 전쟁의 혼란 속에서 다다이즘을 태동시켰고, 고갱이나 피카소와 같은 작가들은 서구문명의 영향을 가장 적게 받아 원시적이라고 일컫는 원시미술에서 자신들의 작품을 착안하기도 했으며, 민중미술 작가들은 한 국가나 사회의 정치경제적 상황을 그림으로 고발했다. 백남준은 현대의 기술문명을 최대한 활용하는 작품을 제작하였다. 단순한 정물화나 풍경화라고 할지라도 단순히 고전적인 것만을 답습하는 작가는 퍽 드물다. 현대 기술문명을 이용한 기법이든 고전적인 표현기법이든 그 안에는 작가만의 독특한 아우라가 있기 마련이다. 일반적인 예술가(화가)들은 자신의 독창적인 창작 작업을 위해 전통적인 기법에 자신만의 표현기법도 개발하고, 그 안에 시대를 아우르는 자신의 철학을 구현하고자 전력을 한다.

기독교 신학에서는 신의 죽음과 세속화 신학, 해방신학, 민중신학,

최근에는 포스트모던 신학, 탈식민주의 신학까지 경험하고 있다. 이 많은 경험에도 불구하고 아직도 기독교 신학은 이미지에 관한 신학적인 정리를 하지 못하고 있으며 십계명이 사멸하지 않고 문자주의에 매어 있는 교단일수록 시각 이미지에 관해 아주 쉽게 정리를 하고 부동한 입장을 취하고 있는 듯하다. 그러나 교회 안에 십자가를 비롯한 기타 도상과 상징물을 설치하지 않을 뿐, 정작 이런 교단일수록 교회 안에 스크린을 설치하고, 자신들의 전도와 선교를 위한 목적으로 시각 이미지를 취사선택하여 활용하고 있다. 기독교에서의 시각 이미지에 관한 담론은 반복적인 진행만 있을 뿐 영원히 정리할 수 없는 주제가 되고 말았다.

최근 독일 신학자 테오 순더마이어(Theo Sundermeier, 1935~)는 '미술과 신학'이라는 제목으로 한국의 민중미술과 제3세계미술을 포함한 서적을 출판하였다.[7] 필자가 이 책의 서평에서도 언급했듯이 해외 신학자들이 한국 기독교 미술을 포함한 미술품을 선정하고 바라보는 평가는 국내 미술전문가들의 시각과 사뭇 다른 점이 발견된다. 국내 작품과 작가의 해외 소개에 관한 규제와 검열기관이 전무하기 때문에 국내 작가와 작품에 관심 있는 외국인들은 국내 특정인에 의해 일방적으로 제공되는 편협한 홍보에 의존하는 경향이 크다. 이 문제는 정부 관계기관과 국내 미술인협회에서 한국의 미술문화를 소개하는 한국 이미지에 관한 사항이므로 관심을 갖고 보완해야 할 점이다. 서양에서는 기독교(종교)와 미술에 관한 연구는 여전히 활발하지만[8] 국내에서는 이에 관해 전문적인 연구를 하는 학자는 전무한 상태다. 이것은 국내에 기독교 작가의 활동이 미약하거나, 아니면 이들의 작품이 신학에 큰 영향을 주지 못하고 있다는 의미도 있다. 역으로 국내 개신교 신학자들이 미술에 관심이 적고 작가들에게 신학적으로 미치는 영향도 없다는 의미도 된다. 미술이 예배와 선교를 위해 소명 받은 도구로써 이것을 통해 하나님을 더욱 찬양하며 진리를 드러내는 것이라는 진부한 해명이 더 이상 필요한 시대가 아니다.

국내 기독교 작가들은 평소 일반 작품 활동을 하다가 기독교 미술인협회에서 작품을 모집할 때 작품을 급히 제작하여 출품하는 경우가 다반사다. 일반 작품 활동을 해도 작가의 경제적인 대책이 마련되지 못하는 상황에서 수요가 적은 종교화를 전문으로 해서는 생활이 더욱 궁색해질 수도 있다. 수입이 안정된 미술대학 교수 신분으로서 종교화를 제작하는 경우도 있으며, 전례를 중시하는 가톨릭교회같이 성미술이 지속적으로 필요한 곳으로부터 작품 의뢰를 받아 수입의 많은 부분을 교회에 의지하며 어느 일반 작가들보다도 윤택한 생활을 하는 작가들도 있다. 모든 시장논리가 그렇듯이 여기에도 작가들과 수요자들 사이에 정치적인 행위가 따를 수밖에 없다.

지금은 시각 이미지에 관한 이천 년 역사의 신학적 해명이나 이론이 필요한 것이 아니라, 어떻게 하면 좋은 종교화가 창출될 수 있도록 좋은 작가를 양성하느냐에 관심을 기울여야 한다. '좋은'이라는 추상적인 단어 안에는 다양한 의미가 들어 있다. 쟈크 마리땡(Jacques Maritain)은 좋은 종교화를 창출하기 위해서는 무엇보다 먼저 작가가 좋은 기독자가 되어야 한다고 했다.[9] 기독교인이 아닌 작가가 기독교를 주제로 한 작품을 창작할 수 있지만, 그 안에는 하나님을 체험한 아우라가 없기 때문에 작품의 형태와 기술만 있을 수밖에 없다. 비록 표현 역량이 미흡하다 할지라도 작가가 자신의 깊은 영성과 신심으로 표현한 작품이라면 감동을 주기 마련이다. 작가와 작품의 자질도 문제려니와 성 미술을 수요로 하는 교회와 신자들의 종교예술품에 관한 수준이 더 큰 문제다.

키치(kitsch)[10]

감각적인 내용이 지배적인 형태와 색을 갖는 미술로 종교적 영성을 표현하기란 쉽지 않음에도 불구하고 특별한 경우가 아니면 교회는 사실화보다 덜 형태적인 추상화를 거의 요구하지 않는다. 색유리조차도 형태가 분명하기를 원한다. 가장 흔하게 공급되어 많은 교회와 신자들의 집에 한 점씩 있는 '겟세마네에서 기도하시는 예수님' 그림이 그 대표적이다. 이것을 주제로 한 그림은 헤아릴 수 없이 많지만, 대부분 사실주의적 표현이며 그 배경과 예수 이미지, 작품의 색감이나 질감이 키치를 벗어나지 않는다. 종교화를 통해 영적인 감흥을 받기보다는 그 안에 그려진 내용을 더 중시한다.

특히 한국 개신교회와 신자들이 이러한 종류의 그림들을 선호하는 이유를 추정하기란 어렵지 않다. 우선 현대인으로서 습득하게 되는 교양으로서의 미술에 관한 이해와 지식 수준이 현저히 낮다는 것이다. 지식 수준이 높다는 사람도 이런 부류의 그림에 쉽게 감동받기 일쑤다. 또 소수의 신자만 미술관이나 갤러리를 찾는 실정이다. 이러한 현상은 경제수준과 비례할 수도 있겠지만, 경제가 나아졌다고 해도 미술관을 가기보다는 영화관을 가거나 여행하기를 더 선호한다. 미술에 관한 지식이 부족하기 때문에 미술은 난해한 것이라는 편견이 강하고 또 어려우니 이해하려는 노력을 하지 않으며, 미술관은 이와 관련된 작가와 평론가, 수집가와 투기하는 사람들이 다니는 특별한 장소로 오해한다. 여기에는 국내의 입시 위주 초중고 교과와 교육방법에 문제가 있다. 교육 수준이 높아졌을지라도 이 영향이 종교미술을 감상하는 데까지 미치려면 더 많은 시간이 필요할 것이다. 작가들도 신자들이 선호하는 성질의 그림을 잘 알고 있으며, 이에 걸맞은 수준의 작품 제작을 의뢰받게 되면 수입 문제 때문에 거절하지 못하는 작가들도 있다. 그 대표적인 것이 교회 달력 그림이다. 해마다 발행되는 다양한 달력 그림들의 질이 향상되고는 있지만 여전히 키치 수준이다. 종교 자체가 키치는 아니지만 전례를 포함하여 기복적이며 미신적인 종교 행위는 자칫 키치로 전락할 위험이 있다. 여기에 키치적인 종교 미술은 이러한 종교 행위를 더 키치화한다.

교회는 키치를 두 가지 측면에서 사용하고 있다. 교회자체의 미적 수준이 저급하여 키치를 선택하여 사용하는 경우와 대중이 이러한 키치를 선호한다는 것을 인식하고 키치를 이용하는 의도적인 경우다. 한국 가톨릭의 경우, 우리 정서에 잘 맞지 않는 스페인이나 이탈리아 등지에서 직수입해 온 성모 마리아 상 같은 키치 성물들이 오늘 한국교회와 신자들의 집안을 장식하고 있다. 성물(聖物)의 미적 가치 여부를 넘어서서 교회 제단이나 구내에 안치된 성물과, 사제로 부터 축성받은 성물들은 거의 미신에 가까우리만큼 신자들에게 힘 있는 이미지로서 작용한다. 이러한 성물을 통해 신자들은 신앙을 돈독히 하며 양육되고 있다. 오랜 기간 눈으로 체험한 것이 아닌 다른 낯선 작품이 그 자리를 대신할 때 그 물건은 성물이 아니라 이교도가 교회에 침투한 것처럼 느낀다.

교회 안에 한층 고양된 좋은 성물과 종교화를 안치하기 위해서는 신자들에게 성실한 지적 설득이 필요하며 이미지에 대한 교회법에 가까운 고정관념의 수정이 필요하다. 교회 미술을 포함한 기독교 미술의 향상을 위해서 교회가 먼저 질적인 향상을 해야 한다. 이를 위해 교회에 가장 영향력이 있는 성직자와 교회임직(위원, 장로 집사)들의 종교 이미지에 대한 바른 이해와 미적 안목을 고쳐시킬 수 있는 방안이 필요하다. 최근 현대미술관회를 비롯하여 다수의 사설 갤러리에서 일반인을 대상으로 하는 미술에 관한 교육과정을 진행하고 있다. 이러한 기관을 활용하는 것도 한 방법일 것이며, 교회가 자기증식을 위한 부흥회보다는 이러한 교양프로그램을 운영하는 것도 한 방안이다. 기업이 작가를 후원하는 메세나 운동같이 교회 기관이 기독교 작가를 후원할 수도 있으며, 소장가나 작가들이 교회에 작품을 기증할 때는 이 작품이 교회에 적절한지에 대한 검열은 물론, 기증받은 작품이 교회에 더 이상 필요 없을 경우 교회에서 철거할 수 있다는 조건도 이행되어야 한다. 한편 민중미술이 판화와 같은 매체를 활용하여 작품을 대중화하고 누구나 작품을 제작할 수 있는 운동을 펼쳤듯이 교회도 종교화를 대중화하고 신자들이 체험하고 느낀 것을 쉽게 표현할 수 있는 운동을 펼쳐나가면 좋을 것이다.

기독교 미술품 소장

초대교회 이후 기독교에서의 미술품이란 개인이 소장하든 교회나 수도원이 소장하든 그 목적은 예배(기도)와 교육이 주된 목적이었으며, 그 미술품을 적절한 곳에 안치함으로써 얻게 되는 장식의 효과는 부가적인 것이었다. 동방교회를 중심으로 성 화상 숭배가 개연적으로 이루어진 이후 그 제작은 주로 수도원의 익명의 수도승들의 작품들이었다. 이렇게 제작된 작품들을 교회나 고위 성직자, 부자들이 처음에는 기도용으로 소장하기 시작했는데 그 소장품에 경제적 가치가 형성되기 시작한 것은 그 작품들에 대한 수도원의 제한된 생산력과 수요의 증대가 가져온 결과다. 유대-기독교의 교리전통에 따라 신에 대한 성 화상 제작이 금지되었던 관계로 주로 성인들에 관한 성 화상이 제작되었는데 이 제작조차도 오랜 기간 '성 화상 파괴 논쟁'으로 인해 순조롭지 못했던 관계로 희소가치가 있었다. 특히 특정한 성 화상에 미신적인 기복사화가 덧붙여지면 그 '특정한' 성 화상을 구하려는 시민들의 요구가 증대하게 되었고, 그 성 화상의 가격은 재산적 가치를 지니게 되었다. 따라서 그것을 제작하는 수도원의 재산도 증가하기 시작했는데 여기에는 수도원과 공조하는 특정 세력의 계략이 있었다. 비단 성 화상뿐만 아니라 특정 소수자들만을 위한 호화로운 기도서나 양피지 성서들도 모두 재산 가치가 있는 상품들이었다. 그러나 이러한 제품들이 어떤 경로를 통해 물물교환이나 상거래가 이루어졌는지는 추측만할 뿐이다.

본격적으로 이러한 제품들이 부호들에 의해 수집되고 경제적 가치를 재창출하기 시작한 것은 르네상스 시기라고 할 수 있다.[11] 특히 메디치 가문을 중심으로 미술품 소장이 본격적으로 이루어지기 시작했는데 이것은 그 가문의 자랑이며 권위의 상징이 되었다. 귀족 가문들을 중심으로 유명한 작가의 미술품이나 희귀본을 소장하기 위한 경쟁이 심화되면서 몇몇 작품들은 엄청난 경제적 부가가치를 생산하기 시작했다. 이러한 전통은 현대에까지 이어져 전 세계 대기업들이 미술관이나 박물관을 설립하고 그곳에 자신들의 소장품을 전시하고 과시하며 재산 증식과 기업 홍보에 적극 활용하고 있다. 이러한 기업들이 유수의 미술품과 골동품을 수집하는 경로는 다양하겠지만 가장 대표적인 통로는 갤러리를 통하거나 작가와의 직접적인 거래, 그리고 옥션이며, 부득이한 경우 개인의 소장품을 개별적인 접촉을 통해 음성적으로 구입하는 경우도 어렵지 않게 짐작할 수 있다. 산업자본주의 시장에서 미술품 유통시장이 여러 가지로 확장되면서 순기능적인 면뿐만 아니라 역기능적인 면들도 하나씩 드러나고 있다. 이 문제는 여기에서 다루지 않는다.

기독교에서의 재산에 관한 이해

기독교의 근본 정신은 그 성격이 공산주의와 퍽 유사하다. 특히 초대교회 정신은 '나눔'이었고 한 특정인에게 부가 축적되는 것을 성서는 바람직하지 않게 여기고 있다(부자 청년의 비유). 이 정신은 시대가 바뀌어도 변할 수 없는 기독교의 근간이 되는 근본적인 정신임에도 불구하고 현대 자본주의 사회에서는 기독교가 지니고 있는 이러한 정신을 자본주의의 틀에 맞춘 왜곡된 해석들이 분분하다. 기독교에서 보는 재산은 동산과 부동산의 구분이 따로 없다. 그 재산이란 물적인 것뿐만 아니라 지적이며 예술적인 것 모두 포함된다.

루터는 인간의 직업이나 직무는 하나님께 봉사하고 다른 사람들을 돕도록 세워진 하나님의 도구일 뿐이라고 했다.[12] 높은 위치에 있는 권력자들일수록 겸손해야 하며 가난한 자들을 사랑하고 돌보는 데 그들의 권력을 사용해야 한다고 했다. 여기에서 권력이란 정치적 권력뿐만 아니라 지적·영적·예술적·경제적인 유형 무형의 권력을 모두 포함한다고 할 수 있다.

자본주의 발달에 큰 영향을 미친 칼뱅은 『기독교 강요 제3권』의 '그리스도인의 삶'에서 '소명'을 강조한다. 사람들은 직업을 통해 다양한 삶을 허락받았는데 직업은 인간의 과도한 탐욕을 통제받고 삶의 기초를 만들어 주는 가장 중요한 삶의 형식이라며[13] 어떤 일을 하든지 탐욕을 내지 말고 충실히 일할 것을 요구했다. 그 당시 어떤 일이란 고리대금업까지도 포함되었다.

그러나 인간의 탐욕의 정도에 관한 정의를 내리기란 간단하지 않다. 탐욕으로 벌어들인 재산을 나눈다고 죄가 사라지는 것이 아니라 탐욕 자체가 죄다. 충실히 정당하게 벌어들인 재산도 가난한 자들과 나누어야 하는 것이다. 기독교는 진정한 믿음이란 무엇보다 나눔과 공공성을 통한 이웃사랑이며 이것을 통해 구원에 이른다고 가르치고 있다.

투기와 교회의 반성

자본주의 사회에서 개인이나 법인, 단체가 자신의 재산을 증식하는 방법에는 여러 가지가 있지만 주로 어떤 물적·지적 대상에 대한 투자와 투기를 통해 이루어진다. 투자와 투기의 경계도 모호하지만, 투기는 정당하지 못한 수단과 방법을 통해 재산을 증식하고자 하는 탐욕의 욕망을 채우려는 수단으로 보는 것이다. 그러나 이러한 욕망은 끝이 없다. 한국에서 그 대표적인 예가 부동산 투기다. 그러나 경매를 통한 수익을 투자로 볼 것인지 투기로 볼 것인지는 여기에서 다루지 않는다. 경매의 절차와 방법이 그 사회가 규정한 법적인 구획 안에서 정당하다고 해석될지라도 경매에 임하는 사람의 주된 의도가 재산 증식을 위한 탐욕에서 기인하는 것이라면 기독교에서는 그 행위 자체를 넓은 의미에서 죄의 범주에 두며 그로 인한 수익도 결국 정당하지 못한 것으로 본다.

그러나 성서와 교회의 가르침에도 불구하고 많은 기독교인은 부동산 투기나 경매 활동을 하여 수익을 얻고 있다. 법적인 구속력이 없는 교회가 교인들에게 정당하지 못한 투기나 경매에 참여하지 못하도록 설교나 기타 성서공부를 통해 권면할 수는 있겠지만 자본주의 사회에서 교육적 효과를 기대하기란 어렵다. 한국에서는 교회 자체가 교회 재산 증식이나 교회 건축을 위해 부동산투기에 적극적으로, 음성적으로 동참한 지 오래되었다. 이미 교회가 교인들에게 투기에 관해 권면할 권위를 상실한 것이다.

국내에 부동산 투기가 한참일 때 한국 기독교는 신학자들을 통해 하나님 소유인 토지의 공공성에 관해 많은 논문을 발표하고 많은 심포지움을 개최한 바 있으나 학문적 토론의 범주에 머물렀을 뿐 일선 교회와 기독교인, 사회에 미친 영향은 아주 미미했다. 오늘의 옥션에 관한 논의도 과거 토지에 관한 논의 이상으로 자본주의 사회에 얼마나 큰 영향을 줄 수 있을 것인지는 미지수다. 먼저 교회가 탐욕으로 옥션에 참여하는 것을 지양해야 한다.

재산의 공공성 담보

자본주의 사회가 탐욕으로 물들었다고 할지라도 교회는 사회를 순화하는 수도원과 같아야 한다. 교회는 교인들이 모이는 곳이며 교인 한 명 한명이 수도승과 같아야 한다는 의미다. 즉 세상의 빛과 소금이다. 그 빛과 맛을 잃지 않도록 해야 할 책무가 바로 소명이다. 부자는 자신의 재산을 가난한 이웃과 나누어야 하는 것이 진정한 사랑이며 천명이다. 이 실천이 어렵다면 교회와 기독교인들은 자신의 재산 중에 일부라도 환원하여 공익과 공공성을 확장해 가기 위한 수고를 멈춰서는 안 된다. 현대 사회와 가족은 집단 이기주의와 가족 이기주의로 만연해 있다. 교회와 교인 가정도 그 예외가 아니다. 이러한 이기주의도 욕망에서 비롯한 것이며 욕망은 현실을 생산한다.[14]

공공성을 구현한다는 미명하에 많은 종교단체가 사회복지 기관을 설립하고 직접 운영하거나 위탁운영을 하고 있지만 이것도 종교간,

교파 교단 간 경쟁이 심해 종교집단의 이기주의 욕망의 한 구현으로 나타나고 있다. 진정으로 노인을 사랑한다면 복지관을 늘려나감으로써 출가 노인을 양상할 것이 아니라 전통적인 유가의 효의 전통에 따라 노인들을 집안으로 모셔야 하는 것이 자본주의와 핵가족주의가 갖고 있는 합리적 모순이다. 이러한 모순에도 불구하고 교회는 공공성 확장을 위해 노력해야 한다.

기독교 미술품 옥션시장에 관한 제언

기독교 미술품 옥션시장과 일반 예술작품 옥션시장의 성격이 다를 것 없겠지만 특히 기독교는 사회와 차별성을 갖는 옥션시장을 열어야 한다. 그 근본적인 원칙도 전장에서 밝힌 것과 다르지 않다.

첫째, 특히 기독교 미술품 옥션에 임하는 사람들은 부동산 투기와 같은 재산 증식을 향한 탐욕의 욕망을 채우려는 태도와 마음을 버려야 한다.

둘째, 옥션을 통한 수익금 중의 일부라도 필히 사회에 환원하여 기독교 미술의 공공성 확장을 위해 사용해야 한다. 미술품 옥션의 수익금 사용의 한계를 기독교 미술 발전에 국한할 필요는 없겠지만 출발의 목적과 의의는 그렇게 하는 것이 대중의 관심을 모으고 신뢰를 쌓아갈 수 있다. 이러한 수익금으로 메세나 운동처럼 기독교 미술가를 후원하고 발굴하여야 한다.

셋째, 기독교 미술 옥션시장은 탐욕을 근간으로 한 개인이나 특정 단체가 설립하기보다는 이 뜻에 동조하는 많은 다수의 사람이 설립하는 것이 바람직하다. 즉 재산권을 포함한 모든 권리를 가능한 많은 대중에게 분산하는 일이다. 이럴 때 공공성을 더 확보해 갈 수 있다. 그렇지 않아도 현대 한국교회는 가족주의로 팽배해 있다는 비난을 면치 못하고 있다.

넷째, 옥션에 참여하는 기독교 미술품의 선정에 공정성이 확보되어야 한다. 미술대학 교수의 작품이나 이미 저명한 작가의 작품에 국한하는 것을 지양하고 옥션을 통해 작가를 폭넓게 발굴하여야 한다. 먼저 일반 대중으로부터 작품 추천을 받을 수 있는 장치를 마련할 필요가 있으며 이렇게 추천된 작가를 검열하고 또 추천할 수 있는 미술전문가를 중심으로 구성되는 추천위원회가 필요하다. 한국 가톨릭은 가톨릭미술인협회가 주관하는 전시회가 해마다 열리고 성 미술을 검열하는 기관이 설치되어 있음에도 소수 저명한 가톨릭 작가들이 교회 다수의 성 미술 제작을 독점하고 있는 상황에서 기독교 미술 작가의 폭 넓은 발굴은 쉽지 않은 듯이 보인다.

다섯째, 옥션에 출품하는 미술품의 장르가 다양해야 한다. 회화(한국화 포함)와 조각, 도자기, 서예뿐만 아니라 성 가구에 이르기까지 다양할수록 좋다. 옥션은 전시회장과 갤러리와 같은 기능도 함으로써 기독교 미술품의 향유를 대중화하고 감상의 안목을 고양시켜 줄 사명도 있는 것이다. 이와 비례하여 작가의 작품 수준도 한층 고양될 것이다.

맺는 글

기독교에서의 시각 이미지에 관한 담론을 살펴보았지만 여전히 교회 안에서의 이미지에 관한 논의는 오리무중이다. 정교회의 아이콘과 가톨릭의 성 화상과 색유리를 포함한 성물을 논의 대상에서 제외하고,

기독교를 주제로 한 개신교의 종교 작품들의 미적인 입지는 일반 작품들에 비해 여전히 키치적인 수준을 크게 넘지 못하고 있다. 같은 작가의 머리와 손에서 창작되는 것이 표현 기법에서도 크게 다를 수 없겠지만 훌륭한 일반 작가가 종교 작품을 제작하면 왜 키치적으로 하는 것인지에 관한 논의는 또 다른 논쟁을 일으킬 수 있다. 작품을 보는 관점에 따라 그 평가는 다를 수 있다. 이것은 작가들이 기독교 작품이란 주로 성서 내용을 표현해야 한다는 좁은 이해와, 작가들이 대개 성서 내용을 체험하지 못하고 표현했을 때 작가의 정신성이 작품에 드러나기 때문일 것이다. 또 대부분의 신자들이 겟세마네에서 기도하는 예수 이미지와 같은 사실화를 그 어느 장르보다도 더 선호한다는 것도 그 이유일 것이다.

1970년대 풍미했던 민중신학과 견줄 수 있는 민중미술, 그리고 남미의 해방신학과 멕시코 벽화운동이 그 선례가 되듯이 교회와 신학은 시대정신을 담보해야 한다. 더구나 이미지가 인간 의식 발전과정에 있어서 사상보다 앞선다는 스미스(Smith)의 주장을 수용한다면,[15] 종교작품은 오히려 교회와 신학보다 그 시대정신을 더 먼저 반영해야 할 책무가 있다. 아이콘 역시 시대에 적절한 상징적인 도상으로 끝없이 계발되어 신자들에게 종교에 대한 더 풍부한 상상력을 환기시킬 수 있어야 한다. 말과 글, 소리로만 담을 수 없는 것을 시각적인 매체를 통해 하나님을 찬양하고 은혜를 드러내며, 종교 작품을 통해 예언자적인 주장을 할 수 있어야 한다. 서양 문학계에서는 '심미적 이성'[16]이라는 모순된 용어를 사용한 적 있다. 중세 스콜라신학은 신앙과 이성의 간극을 좁히고자 했다. 교회에서의 이미지에 관한 이론적인 담론은 오직 말씀으로만이 아니라 시각과도 상호보완할 수 있는 길을 모색해야 한다. 교회는 작가를 통해 좋은 종교 작품이 창출될 수 있도록 함과 동시에 신자들이 좋은 작품을 소장하고 감상하며 제작할 수 있는 대중운동도 함께 펼쳐가야 한다.

　개신교회는 교회 미술에 대한 수요가 적극적이지는 않지만 최근 교육과 장식용으로 미술품을 교회 안팎에 설치하는 교회와 신학대학과 같은 기관이 조금씩 늘고 있다. 교인들의 미적 수준이 향상되면서 집안과 교회 벽에서 흔히 보았던 '겟세마네에서 기도하시는 예수' 같은 키치 미술품보다는 좀 더 품격이 있는 감상과 장식을 위해서, 한편으로는 재산 가치로서 기독교 미술품을 소장하려는 사람들이 조금씩 늘고 있는 추세다.

　일반 미술품 옥션시장이 활기를 띠면서 기독교 미술품 옥션도 자본주의 논리에 따라 세속의 옥션시장 모방을 지양하고 기독교 문화 발전을 위해 무엇보다 공공성을 확보하는 방법을 마련해야 한다. 옥션시장을 설립하는 사람이나 단체, 옥션에 임하는 모든 사람은 세속적인 탐욕을 포기할 때 비로소 기독교 미술품 옥션시장은 신뢰를 받는 문화권위기관으로 자리매김하게 될 수 있다. 현대 교회가 비난받고 있는 여러 가지 원인들을 살펴볼 필요가 있다. 그렇지 않으면 기독교 미술 옥션시장은 또 하나의 이름만 다르게 특화시킨 세속적인 미술품 투기 경매시장의 하나로 세간의 비난을 면하기 어렵게 될 것이다.

아시아의 종교문화

- 종교와 시각예술

들어가는 글

문화연구자들은 문화다양성, 혹은 다문화주의에 관심을 갖는다. 다문화주의의 태동은 문화동화주의, 즉 약한 문화는 강한 문화에 흡수된다는 논리에 대한 비판이라고 할 수 있다. 한 사회나 국가 안에 두 가지 이상의 다양한 문화가 공존할 때 그 문화의 우열을 가린다는 것 자체를 부정하며 특히 소수문화에 대해서는 정책적인 보호 장치가 마련되어야 한다는 것이다. 이러한 주장은 1970년대부터 원주민 문화를 고려한 캐나다와 호주에서 정책적으로 장려하여 왔다. 다문화주의는 다문화를 인정함으로써 인종 간의 정치적 통합을 모색하고 다문화 간의 문화적·사회적 갈등요소를 해소하여 평화를 구축하는 것을 목적으로 한다. 그러나 이로 인해 오히려 인종문제나 빈부격차 같은 사회의 근본적인 중요한 갈등요소들이 감춰지게 된다는 비판도 있다. 한 사회 안에서 모든 갈등과 격차문제가 해결되어 유토피아를 건설할 수 있는 최선의 방안이 가능할 것이라는 것은 이상주의일 수 있다.

이 연구는 아시아의 다층다문화 중에서 특히 '시각문화'와 '종교사상'을 중심으로 전개되는 교재 개발을 목적으로 한다. 특히 세계화, 지구화 시대에 다문화 학습을 통해 국수주의를 지양하고 친 아시아 평화연대를 구축하기 위해 무엇보다도 교과과정 중에 문화인류학, 혹은 문화학과 종교학 기초 교과과정이 필요하다는 것을 인식했다.

이 과제의 수행 목적은 아시아 연대 교육사업의 일환으로서 아시아 친화적 다문화, 다인종 교양교육 관련 교육문화 컨텐츠 개발의 한 부분이다. 이 과제의 수행 목적으로서의 컨텐츠 개발은 해외 창을 준비하는 성공회대학교 학생들과 국내로 유학 오는 해외 학생들에게 여러 문화의 장르 중에서도 일상에서 일차적으로 접하게 되는 시각문화예술과 종교사상적 가치를 중심으로 소개하는 교과과정과 교재를 개발하는 데 있다. 아시아는 지역적으로 광범위하기 때문에 일차적으로 성공회대학교에서 학생교류 및 단기유학을 위해 해외 창을 개설하고 있는 인도와 필리핀을 중심으로 하는 지역 중심의 종교예술에 관한 이해가 될 것이다. 세계 그 어느 지역보다도 불교(힌두교) 이슬람 기독교(가톨릭)가 지역적으로 분포되어 있는 아시아를 이해하기 위한 첫 단계로써 종교에 관한 이해가 필요하다고 생각했다. 아시아인들에게 종교는 삶과 가장 가까이 있으며 교리가 곧 이들의 가치관이기 때문이다.

연구 지역의 설정은 해외 창이 점차 동남아시아 영역으로 확대되고 있으며 특히 외국인 이주 근로자들이 대체로 동남아시아 지역 국민인 점을 고려하였다. 동남아시아를 국가, 지역별로 구체적으로 구분하여 지역연구와 같은 교재를 개발함이 바람직할 것이다. 그러나 이 지역의 전통적인 문화가 주로 불교사상과 유교 가치관을 근간으로 하고 있으며, 현대는 한 지역일지라도 불교, 이슬람, 기독교 문화가 혼재해 있기 때문에 실제로 문화의 국가단위 연구는 난해하고 용이한 연구 작업이 아니다. 교재라는 점을 고려하여 전개구성은 큰 지역으로써 국가단위로 구성하였다.

이 지역은 종교분쟁으로 인한 정치 경제적인 이해관계에 따라 상호 공조하면서 동시에 반목하기도 한다. 이 연구교재는 국가단위 연구보다는 일차적으로 크게 불교, 이슬람, 기독교 종교문화 영역으로 구분하여 개발하려고 하였다. 서로 다른 문화와 가치관을 어떻게 이해하고 존중하며 수용할 것인지에 대한 교육과 인식이 부족한 상황에서 타(이웃) 문화를 접하게 될 때 문화충격과 혼란이 오며 자신의 고유한 문화와 가치관만을 고집하게 되는 배타적 습성을 드러내기 쉽다. 타 학문과 타 문화예술, 타 종교에 대한 바른 이해를 통하지 않으면 아시아의 평화연대를 구축할 수 없다.

이 교재개발은 단순히 타 문화를 소개하는 지식습득의 단계를 넘어서 어떻게 함께 공존하여야 하는지를 안내하는 교과운영 개발안이 될 것이다. 이 교재는 인터넷이나 백과사전, 관광안내서에서 손쉽게 얻을 수 있는 문화정보와는 차별성을 둔 대학 교양교재로써의 기능을 할 수 있도록, 종교와 시각예술문화에 대한 더 깊은 이해를 돕기 위한 교과과정으로 구성할 것이다. 이 교재는 아시아의 지리적 특성, 인구, 언어, 음식, 기후, 역사, 정치와 경제, 특산물, 명소와 같은 영역 중에서 특히 종교예술을 통해 그 지역문화의 근간이 되는 종교문화를 이해함으로써 더 깊은 지역문화 이해를 도모하고자 한다. 이 교재개발을 위해 관련 서적들을 참고하고, 이 지역 종교와 예술전문가들의 자문을 받고, 한국에서 일하고 있는 동남아시아 외국인 근로자들과의

인터뷰를 통해 전통적인 종교문화가 현재 그 지역의 대중문화에 어느
정도 영향을 주고 있는지도 살펴보려고 한다.

어디가 아시아인가

누가 언제부터 어떤 목적으로 인류가 생활하는 지구를 크게 동양과
서양으로 양분하고 동양을 다시 아시아라는 이름으로 명명했는지에
대한 기원은 여러 가지가 있다. 그리스인들에게는 그리스 동쪽에 있
는 지역들을 부르는 이름으로 사용하였고, '동쪽'을 의미하는 아시리
아어 아수(asu)에서 유래했다는 설도 있다. 아시아는 과거 에베소(터키
서부에 위치) 평원 지대의 한 지역 이름이었으나 점차 현재의 소아시아
와 기타 대륙 모두를 포함하는 지명으로 확장되었다는 설도 있다. 아
시아와 유럽의 경계선은 북극해로부터 우랄 산맥 동쪽을 따라 남쪽
엠바 강, 그리고 남서쪽 카스피 해 북부 연안, 카스피 해 서쪽에서 케
르치 해협에까지 이르는 선이다. 일반적으로 뉴기니를 제외한 아시아
대륙의 총면적은 약 4,461만 4,000㎢에 이른다. 아시아 대륙의 최북단
은 시베리아 중북부에 있는 첼류스키 곶(북위 77° 43′)이며, 남단은 남
위 1° 16′ 지점 말레이 반도의 끝에 있는 피아이 곶(불루스 곶)이고, 서
단은 터키에 있는 바바 곶(동경 26° 4′), 동단은 베링 해협으로 뻗어 있
는 시베리아 북동부의 데주뇨프 곶(또는 이스트 곶, 서경 169° 40′)이다.
아시아 중에서도 동북아시아는 한국, 일본, 중국을 일컬으며 특정한
수행목적과 상황에 따라 필리핀을 포함시키기도 한다.

미술과 신학

아시아의 역사

투르크와 몽골이 강력하게 대두되면서 실크로드를 통한 동서무역이 위협받게 되자 유럽 항해가들은 남아프리카의 희망봉을 돌아 아시아로 가는 새로운 항로를 개척하기 시작했다. 19세기는 유럽 제국주의가 아시아까지 침투했으며, 제정러시아는 시베리아 인들과 중앙아시아 이슬람교도들까지 정복했다. 영국은 인도에 대한 지배권을 획득했고 프랑스는 인도차이나를, 네덜란드는 동인도제도를, 스페인은 필리핀을 각각 점령하였다. 특히 스페인령이었던 필리핀은 스페인과 미국의 전쟁이 끝난 후 미국의 통치를 받게 되었다. 이 당시 문화적으로 정치적으로 쇄국하던 중국은 19~20세기의 서구열강의 침략에 무기력하였다. 일본은 한국과 중국, 동남아시아로 진출하고 특히 한국을 식민통치하였다.

제2차 세계대전 이후 유럽의 제국주의는 과거 식민지 국가들이 독립하면서 대부분 종식되었지만 아시아의 식민지들은 1934년 미국의 식민지였던 필리핀의 독립을 시작으로 1946년에 이르러서야 비로소 독립하였다. 독립한 아시아 국가들은 친서방 국가와 공산주의 국가 및 비동맹국가로 나뉘었고 공산진영 내의 중국과 소련의 틈바구니에서 동남아시아 국가들은 친중국, 친소련 국가의 정치적 성향을 띠기 시작했다. 이슬람교를 중심으로 한 아랍 국가들과 인도, 그리고 인도차이나 반도 대부분의 국가들은 비동맹 국가로 남았는데, 소련과 미국은 서로 이들 국가에 대한 정치 군사적 영향력을 행사하며 경쟁을 하였다. 친서방 국가로는 일본과 한국, 타이완, 타이를 들 수 있다. 아시아는 현재 정치·군사 협력을 목적으로 한 아랍 연맹과 페르시아 만 협력회의(The Gulf Cooperation Council/GCC), ASEAN 등의 지역기구들이 존재한다. 중국은 급성장하는 경제력과 그리고 가장 막강한 군사 대국이 되었다.

아시아는 국가별 연맹을 취하고 있는데 크게 동남아시아국가연합 (ASEAN : 말레이시아 · 타이 · 필리핀 · 인도네시아 · 브루나이 · 싱가포르)과 남아시아 국가, 중국을 들 수 있다. 대다수의 아시아 국가들이 식민지 지배 아래에서 경제개발을 시작했으며, 수송 · 통신 · 행정 · 국민보건 · 농업 및 광물자원 개발 등이 모두 식민지 시대에 시작되었다. 그러나 식민지 시대에 이루어진 이런 경제개발은 일부 생산품에의 의존도가 커서 세계시장의 가격변동에 따라 국가경제가 불안정해지는 경우가 많았다. 독립 후 한국을 포함한 많은 국가들은 긴 기간 군사독재와 자본의 부족 등으로 인해 경제적 어려움과 인권유린을 비롯한 적지 않은 문제를 안고 있다. 최근 아시아의 몇몇 빈국은 일본 한국 등지에 노동자 인력을 수출하여 기술과 외화를 얻고 있지만 대다수 이주 노동자들은 고급기술보다는 단순노무직으로 열악한 급여와 법률문제로 인해 많은 어려움을 겪고 있다.

인종과 언어

아시아에는 크게 3대 인종이 거주한다. 그중 가장 수가 많은 아시아인종은 북아시아와 중앙아시아, 동아시아, 동남아시아에 분포하며, 그 다음으로 인도인종이 남아시아에 분포하고, 세번째는 유럽인종으로 서남아시아와 서아시아에 분포한다. 그 밖에 아시아 대륙의 남동 지역 섬들에는 폴리네시아 인종과 멜라네시아 인종이 있다.

종교

27개국 2만 8369명이 답한 한 설문조사에서 응답자 중 과반수가 이슬람과 서방의 갈등 원인을 '문명충돌이 아닌 정치적 이해대립에서 기인한 것'(시드니 모닝 헤럴드 19일 자; 중앙일보, 2007. 2. 20. 17면)이라는 최근 보고가 있다.

그 내용을 살펴보면 '힌두교는 남아시아에서 탄생한 종교들 중에서 가장 오래된 종교이며, 지금도 여전히 인도문화의 중심을 이루며 카스트 제도의 기반이 되고 있다. 인도 이외에 힌두교가 전파된 지역은 인도네시아의 발리와 소수의 섬에 불과하다. 자이나교와 불교는 각각 기원전 6세기와 5세기에 태동하였는데, 자이나교는 인도 북서부 이남 지역에 소종파이지만 무엇보다 자이나교가 주창하는 비폭력 및 금욕주의는 오늘날까지 인도인들의 사상에 깊은 영향을 주고 있다.

불교는 인도 북동부에서 발생했으며, 그 후 몇 세기에 걸쳐 소승불교와 대승불교로 각각 발전하였다. 금욕생활을 지향하는 소승불교는 스리랑카와 동남아시아를 중심으로 전파되어 있으며, 대승불교는 다시 여러 종파로 갈라져서 중국과 한국, 일본으로 퍼져 전통문화에 지대한 영향을 미쳤다. 탄트라교는 불교의 한 종파지만 비교적(秘敎的)인 특성을 갖고 오늘의 티베트와 네팔, 부탄, 몽골지역에 한정되고 있다. 인도의 일신교인 시크교는 15세기 말 펀자브 지방에서 생겨났다.

서남아시아에서는 세 개의 일신교로서 즉 유대교와 기독교, 이슬람교가 생겨났다. 유대교는 약 4,000년 전 지중해 동부에서 발생했는데, 아시아 유대인의 대부분은 이스라엘에 살고 있으나, 전 세계에 걸쳐 작은 공동체를 형성하여 살고 있는 유대인들도 많다. 기독교는 아시아에서는 크게 영향을 미치지 못했지만 한국은 예외적으로 기독교가 양적으로 성장한 나라이며 그 밖에 일부 친미, 친서방적인 아시아 국가에서는 영향력 있는 소수종교로 자리매김을 하고 있다. 필리핀은 스페인 통치 영향으로 로마 가톨릭교가 가장 중요한 종교다. 이슬람교는 오늘날 무슬림이 거주하는 대부분의 서남아시아 국가에서 가장 중요한 종교이며, 아시아에서 신도 수가 가장 많은 종교이기도 하다. 이슬람교는 7세기에 아라비아 반도에서 발생했으며, 중동을 거쳐 중앙아시아와 인도네시아로 전파되었다. 아시아 이슬람교의 대부분은 전통적인 수니파지만 이란과 이라크에서는 신도 대부분이 비교적인 시아파다. 이슬람교도는 인도와 중국에서도 많은 신도들이 있다.

고대 중국의 종교적이며 윤리적이고 철학적 전통은 도교와 유교라는 2개의 큰 사상적 종파로 전해져 오고 있다. 이들은 기원전 6세기와 5세기에 각각 생겨났는데, 이 두 종파는 중국 문화 및 중국의 영향 아래 있는 문화권에 지대한 영향을 끼쳤다. 신도(神道)는 일본의 토착신앙이다.

아시아 전역에는 위에서 언급한 중요한 종교들 외에 수많은 토착신앙들이 있다. 모든 자연계에 영혼이 깃들어 있다고 믿는 애니미즘은 특히 남아시아 및 동남아시아 일부 지역에서 흔히 볼 수 있다. 무당이나 주술사를 매개로 한 신비주의적인 샤머니즘은 북아시아 및 중앙아시아 부족의 신앙으로 남아 있고, 한국과 일본에서도 그 전통의식이 그대로 전해지고 있다. 종교학자들이 주장하는 종교의 발전은 애니미즘에서 출발하여 오늘의 종교에 이른다고 하지만 기독교나 불교 안에 원시적인 애니미즘적이며 기복적인 요소가 없는 것이 아니다. 현대 종교에도 원시적인 종교적 특성이 같이 공존해 있다는 점을 인식한다면 각 나라, 각 인종, 각 지역마다 전승시키고 있는 특별한 민속신앙 양태를 원시적이며 열등한 것이라고 치부하는 것은 문화를 바로 이해하지 못하는 태도다.

아시아의 종교와 시각문화

불교와 힌두교

인도는 면적상으로는 세계에서 일곱 번째이지만 인구상으로는 두 번째로 큰 나라다. 다양한 문화와 전통, 다양한 민족과 종교가 늘 섞이고 서로 다른 가치관과 역사적 영향력 아래 과거와 현재가 융화되지 않고 뒤엉킨 채 공존하고 있다. 그래서 많은 모순과 서로 극을 이루는 삶의 방식들이 한꺼번에 영위되고, 인종과 언어가 다양해 하나의 통합된 문화로 말할 수 없는 나라가 바로 인도다. 그러나 세계에서 가장 오래된 문명의 중심지이자 여러 종교의 발생지로서, 인도 문화의 다양한 부분들을 통합할 수 있는 요소가 있다면 바로 그들을 지배하는 깊은 종교의식이다. 지금의 인도가 만들어진 것도 종교적 분쟁의 결과다. 1947년 영국이 인도를 떠나자마자 힌두교의 인도와 이슬람교의 파키스탄으로 분할되어 지금에 이르고 있다.

인도의 국기는 세 가지 색, 즉 힌두교를 상징하는 오렌지색, 이슬람교를 상징하는 초록색, 그 밖의 다른 종교를 상징하는 흰색으로 되어 있다. 이처럼 국기에도 인도 안에 다양한 종교를 수용하는 상징적 의미가 명확하게 표현되어 있다. 인도인들은 종교가 곧 생활이다. 종교를 통해 삶의 가치와 생의 의미를 터득해 왔으며, 모든 문화, 예술, 철학 등이 종교와 밀접한 관계를 갖는다.

인도의 대표적인 종교로는 힌두교, 자이나교, 이슬람교, 기독교, 시크교, 불교 등을 들 수 있지만, 현재 인도 국민의 약 80%가 힌두교 신자다. 힌두교는 정치적으로 국민을 결속하는 역할을 할 뿐 아니라 그들의 생활과 문화에 가장 큰 영향을 미치고 있다. 일상생활에 미치는 힌두교의 가장 큰 영향력은 출생에 따라 확정되는 카스트 제도의 운용에서 볼 수 있다. 카스트 제도는 고대 아리아인들의 사회제도에 기원을 두고 3천 년이 넘는 동안 발전해 온 것으로 네 개의 계급(브라만, 크샤트리아, 바이샤, 수드라)으로 구성되는데, 1950년대 이후 법적으로는 금지되고 있지만 여전히 사회적으로 존재하고 있다.

"힌두교"라는 용어는 서기 1,200년경에 사용하기 시작했지만, 힌두교에서 믿는 것을 정확하게 표현하는 것은 어려운 일이다. "힌두"란 원래 인더스 강의 산스크리트어인 신두(Sindhu : '大河'라는 뜻)의 페르시아 발음으로서, '인디아'나 '힌두-스탄'에서처럼 인도를 가리키는 말이다. 그러므로 힌두교는 문자 그대로는 '인도의 종교'를 뜻하며, 인도에서 기원된 모든 종교, 즉 바라문교, 자이나교, 불교 등을 포함하는 말이 될 수 있으나, 일반적으로는 불교와 자이나교를 배제한 좁은 의미로 사용된다.

세계에서 가장 오랜 종교의 하나임에도 불구하고 힌두교에는 창설자도, 선지자도, 교리 체계도 없으며, 특정한 교조나 교리, 중앙집권적 권위나 위계조직이 없다. 또 오랜 시간에 걸쳐 다양한 신앙 형태가 융합된 종교여서 간단히 정의내리기가 쉽지 않다. 본래 고대 베다성전(Veda聖典 : 고대 인도에 들어왔던 아리아인들의 일종의 종교적 제식 문헌)에 근원을 두고 자이나교, 불교와 부분적 연관관계를 가지면서 점차적으로 민족종교의 성격을 띠게 된 힌두교 안에는 원시적인 물신숭배, 애니미즘으로부터 주술, 제식, 다신교, 일신교, 고행주의, 신비주의, 그리고 고도로 발달된 사변적 체계에 이르기까지 거의 모든 형태의 종교적 특징이 발견된다. 따라서 힌두교가 다른 종교에 대해 관용적이며 덜 배타적인 것은 당연하다고 할 수 있다. 신학이라기보다는 오히려 생활양식에 훨씬 더 가까우며, 종교라기보다는 하나의 철학으로서 사회, 관습, 의식, 전통을 묶는 역할을 한다.

고대에서 비롯된 힌두교의 의식들로서 전통적인 음악과 춤은 인도에서 아직도 행해지고 있으며, 특히 신이 주신 생명의 원천으로 숭배되는 갠지스 강에서는 요즘에도 연간 최고 400만 명의 신자가 목욕하며 죄를 씻고 참배한다. 힌두교의 중심 율법은 모든 생명에 대한 존중이다. 힌두교도들 모두가 채식주의자는 아니지만, 암소를 특히 공경하기 때문에 쇠고기를 먹는 사람은 극히 드물다.

한편, 불교는 붓다, 즉 고타마 석가모니(기원전 563~483)의 깨달음과 교설(敎說)을 기원전 3세기의 아쇼카 왕이 그의 제국의 정신적·도덕적 지주로 삼아 통치하면서 널리 퍼지게 된다. 당시 전파된 불교는 중국, 한국, 일본 등 아시아 동부뿐 아니라 헬레니즘 세계로까지 확장되었는데, 불교의 본질인 무한한 관용으로 모든 중생을 위해 보편적인 가르침, 철학과 윤리, 지식과 예술을 전파하였다. 불교가 위대한 세계 종교로 발전할 수 있었던 것은 특정 민족이나 국가, 사회 집단을 넘어서는 포용성을 지니고 있었기 때문이다. 이러한 의미에서 불교는 민족 종교의 색채가 강한 힌두교와 대조적이라 할 수 있다.

불교의 흐름을 종파별로 보면 크게 대승불교와 소승불교로 나누어진다. 대승불교는 석가 열반 이후 1세기경 새로 일어난 혁신운동으로 인간 구제를 목표로 하고 석가의 존재를 초인격화하였으며, 소승불교는 전통불교의 입장에서 고행에 의한 깨달음과 자기 구제를 목적으로 하였다. 대승불교는 북방 경로를 거쳐 중국, 한국, 일본에서 성행하였고, 소승불교는 스리랑카, 동남아시아 등에 전파되었다.

불교가 전해진 곳마다 불교는 그곳의 전통적인 고유 신앙에 맞추어 변모되었다. 이것은 불교의 적응력과 토착화를 통한 공존능력이라고 할 수 있는데, 예를 들어 중국에서 불교는 도교적 요소를 흡수했고, 일본에서는 신도의 신화를 받아들였으며, 동남아시아에서는 군주숭배와 결합되었다. 그러나 불교의 발상지인 인도에서는 그 과정이 거꾸로 전개되었다. 인도에서는 불교가 점차 힌두교에 흡수되어 결국은 거의 사라지게 되었다.

힌두교와 불교는 사색을 통해 자연과 인간의 합일을 이루는 우주의 순환원리를 모색하는 데 공통점을 둔다. 즉 인도인들의 종교는 영혼의 믿음이라기보다는 삶의 실천이라고 하는 편이 더 맞다. 인도의 미술, 다시 말해 그들의 미학도 이러한 우주관을 이해할 때 더 쉽게 접근될 것이다. 예술은 해탈의 경지에 이를 수 있는 직접적인 방편 중 하나였다.

인도의 미술

불교미술은 석가의 죽음 이후 그 유골(사리)을 넣을 탑(塔, 스투파)을 제작하면서 시작된다. 전설에 따르면 석가의 유골은 아쇼카 왕에 의해 8등분되어 그의 광대한 영토 곳곳에 세워진 8개의 탑 안에 안치되었다고 한다. 이것은 불교도들이 만든 최초의 불교미술이었으며, 탑은 초기 불교미술을 위한 중요한 유적이 된다. 탑 자체나 탑을 둘러싸는 담 등은 석가의 전생의 이야기인 본생담(本生譚)과 불전을 주제로 한 조각으로 장식하였다. 또한 초기불교에서는 우상숭배를 인정하지 않았으므로 부처의 모습을 조형화하지 않고 보좌, 법륜, 불족적(佛足跡), 보리수 등을 이용해 상징적으로 표현하였다. 또한 다소 배타적이면서 매우 금욕적이었던 초기의 승려들은 사당 혹은 승원을 필요로 하지 않았기 때문에 사원을 짓는 일도 드물었다. 유행승(遊行僧)들이 우기(雨期)에 비를 피할 수 있는 임시 거처만을 필요로 했을 뿐이었다.

석가 자체를 조형화하고 사원을 건축하기 시작한 것은 1세기 말에서 2세기 초엽의 일이다. 아시아 전역에서 불교미술의 발전에 결정적

미 술 과   신 학

인 영향을 미쳤던 불상(佛像)의 탄생은 이 시기에 인도의 두 지역에서 거의 동시에 일어났다. 인도 북부 간다라 지방과 중부의 '마투라'이다. 이때 대승불교의 몇몇 중요한 경전도 등장한다. 간다라에서는 인도와 헬레니즘 문화가 결합된 독특한 양식, 즉 간다라 양식으로 사원과 불상 제작이 성행하였다. 한편 인도 중부의 마투라에서는 인도식 미술로서 석가상을 비롯하여 보살상들을 제작하였는데, 이러한 방식이 동아시아 등 다른 나라로 퍼져나가게 되었으며, 각 나라별로 상이한 불상과 불탑의 양식을 형성하게 된다.

인도 불교미술의 전성시대는 굽타 시대(320~550년경)다. 갠지스 강 유역을 중심으로 일어난 굽타 왕조는 궁정과 대도시를 중심으로 높은 수준의 불교문화를 이룩하였다. 문학, 음악, 미술이 이 시기에 모두 번성했는데, 특히 미술은 인도 불교미술의 절정기 혹은 완성기에 이르렀다고 할 수 있다. 불교미술의 최고 걸작, 어쩌면 역사상 가장 훌륭한 불교미술들이 이 시기에 제작되었다. 인류의 불가사의한 업적으로 여겨지는 데칸 고원의 아잔타 석굴 건립이 그 예다. 굽타 시대의 미술은 활기 넘치는 생사윤회의 만화경(萬華鏡)과 붓다와 보살들의 초월적이며 정신적인 열반의 경지 사이를 이원론적인 단절에 빠지지 않고 자유로이 넘나들었다. 그 고전적인 아름다움은 불교가 추구하는 정신적인 완성과 초월의 상징이었다.

그러나 모든 종교에 관대했던 굽타 왕조 시기에는 각 종교들이 평화롭게 지냈던 반면, 대승불교, 소승불교, 힌두교의 시바 숭배 등이 공존하면서 결국 점차적으로 불교는 힌두교에 흡수되었고, 그 흡수 과정은 이슬람교의 침입으로 불교가 절멸되는 12세기까지 계속되었다. 붓다는 힌두교 주신 브라흐마와 시바, 특히 비슈누의 열 가지 화현(化現, avatara) 중 하나로 격하되었다. 그러는 동안 불교미술은 동인도를 지배한 팔라 왕조의 비호 아래 여러 지역에서 부분적으로 발전 되었으나, 대부분의 기법은 쇠퇴하고 작풍은 형식화되었다. 이렇게 불교 미술은 발상지인 인도에서 1천 년 이상에 걸친 생동감 있는 일생 을 마치고 점차 쇠락의 길을 걷다가 종말을 맞게 된다.

7세기 이후 불교는 점점 쇠퇴한 반면, 8~13세기까지는 힌두교와 힌두교 미술이 전성기를 이룬다. 힌두교 미술은 특히 남인도에서 번 영한 여러 왕조에서 활발한 활동을 보이게 된다. 이들은 인도 각지에 대규모의 힌두교 사원들을 세웠는데, 불교에서처럼 석굴이나 목조건 물을 짓기보다는 지상 석조건물을 더 선호하였다. 굽타 시대 말기부 터 힌두교 왕조들이 명맥을 유지한 13세기까지는 석조 힌두교 사원 건축의 전성기였다. 복잡하고 장려한 힌두교 사원건물을 장식하는 수 많은 조각적 군상은 부드러운 살결의 느낌과 충실하고 튼튼한 팔 다 리를 표현하는 것이 특색이다. 이러한 조각들은 바다미, 아이홀레 등 에 있는 석굴과 석적사원(石積寺院)에 많이 남아 있다. 특히 팔라 왕조 의 조각은 부드러운 몸매의 동적인 군상을 훌륭하게 표현했으며, 칸 치푸람, 마하발리푸람 등지에 대표적인 유구가 있다. 이슬람교도들이 인도의 대부분을 장악한 후에도 남인도에서는 힌두교도들이 계속 상 당한 세력을 유지하였고, 그들의 후원 아래 17~18세기까지도 대규모 의 힌두교 신전 건축 사업이 이루어지기도 했다.

힌두교의 주신은 '브라만', '비슈누', '시바'의 다신을 삼위일체로 하는데, 이들은 각각 태양(창조), 보존(수호), 파괴를 상징하며, 각양 각종의 조각상으로 힌두교의 건물을 장식하고 있다. 힌두교는 인간의 육체를 신이 내려준 가장 생명력 있는 존귀한 것으로 여겨, 인간 육체 의 관능미 표현을 가장 중시하였다. 박력 넘치는 남신(男神)과 풍만함 과 요염함을 지닌 여신들을 그려낸 부조들은 힌두교 미술의 걸작으로 남아 있다. 또 밀교(密敎, 탄트리즘) 예술의 성행과 함께 조각상에도 생명력과 운동감을 보이는 각종 양식이 등장한다. 불교와 비교하자면, 이러한 힌두 미술의 표현상 특징은 현세의 인간 생활과 결부되는 휴머니즘으로 설명될 수 있을 것이다.

이슬람교가 인도에 영향을 주기 시작한 것은 8세기 초기부터이며, 인도에서의 본격적인 이슬람교 미술은 12세기 무렵에 시작되었다. 12세기 말에는 터키계 이슬람교도들의 술탄 왕조가 성립되었다. 인도에서 거대한 이슬람 건축이 제작된 것도 이 시기부터다. 이슬람교는 우상을 부정했기 때문에 건축 사업에 대단한 열정을 가져서, 모스크와 묘묘(廟墓) 등 많은 건조물을 남기게 된다. 초기에는 전통적 인도 건축 양식을 따르는 모스크를 세웠지만, 후기에는 페르시아계의 건축기술이 도입되었다. 이들 건축물들은 돔(Dome)과 뾰족한 아치, 첨탑(미나렛)을 기본 구성으로 한다. 그리고 그 표면에 평면적인 식물과 기하학적 문양이 화려하게 덧붙여졌다. 이것들은 기본적으로 인도적인 양식이라기보다는 페르시아와 아라비아에서 기원한 형식에 바탕을 둔 것이었다. 특히 무굴 왕조의 아크바르 왕 시대에는 페르시아계의 여러 외래적 요소와 인도전통이 결합된 미술이 전개되면서 인도미술사상 또 하나의 황금시대가 열리게 된다. 이때의 열정적인 건축 사업은 아그라의 타지마할에서 절정을 이룬다.

회화에 있어서는 16~19세기에는 세밀화가 유행했는데, 그중 무굴 회화로 불리는 화파는 페르시아 세밀화의 영향을 받은 이슬람 궁정미술로서, 현실적이고 세속적인 주제를 다루었으며, 무굴 회화에 대응하는 라지푸트화파는 무사계급인 라지푸트족 사이에서 발달한 회화로서 서민적 특징이 두드러졌으며, 주로 힌두교 신화를 주제로 삼았다.

인도의 종교미술은 지역에 따라 차이가 있을 수는 있지만, 표현의 풍성함이라든가 다양한 상징을 사용하고 있다는 점, 신화가 발달하고 극적인 행동이 많이 묘사되고 있다는 점에서는 크게 차이가 나지 않는다.

이슬람교

이슬람은 전 세계 55개 나라의 13억 명이 믿고 있다. 지역적으로 볼 때, 세계 4대 문명의 발상지 중 이집트, 메소포타미아, 인더스 등 3개가 이슬람 문화권에 속해 있다. '이슬람'은 아랍어로 '신에게의 순종'을 의미하는 단어에서 유래했다고 한다. 610년경 무하마드는 대천사 가브리엘을 통해 유일신(알라)의 계시를 받는다. 가브리엘은 예언자에게 하나님의 말씀인 〈코란〉을 구술하도록 하였고, 그 후 예언자 무하마드가 수십 년간 전파시킨 이슬람은 유대교와 기독교를 완성하고 하나님의 말씀을 현시한 것으로 여겨졌다. 이슬람의 간편하고 이해하기 쉬운 교리는 초기 이슬람 개종자들에게는 강한 호소력을 발휘했으며, 이슬람은 아라비아의 부족 사회에 이후 오랫동안 지속될 독특한 미술과 문화의 정체성을 형성하게 된다.

오늘날 '이슬람'은 이라크 전쟁, 내전과 테러가 끊이지 않는 아랍의 국가들, 일부다처제와 여인들을 억압하는 부르카나 차도르 등 부정적인 요소들을 떠올리게 하는 건 사실이다. 하지만 미술 및 문화와 관련해 '이슬람'은 아라베스크 문양과 화려한 모자이크로 장식된 모스크들, 사산왕조에서 유래해 구전되어 온 『천일야화』의 흥미진진한 이야기와 아름다운 세헤라자데를 상기시킬 뿐만 아니라, 정교하고 아름답게 장식된 책과 공예품들을 생각나게 한다.

현대 사회에서 이슬람만큼 독특한 문화를 갖고 있는 종교도 드물다. 정치와 종교가 하나로 통일되어 있고, 종교와 삶이 함께 섞여 어느 부분이 종교이고 어느 부분이 생활 풍속인지 구분이 잘 안 된다. 그렇기에 이슬람을 종교로 보기보다는 하나의 문화로 이해하자는 주장이 많다. 즉 여성을 억압하고 종교에 맹신하는 부정적인 면만을 볼 것이 아니라, 그것이 이슬람을 둘러싼 그들만의 독특한 문화라는 것을 이해함으로써 좋다 나쁘다는 식의 흑백논리식 판단을 지양해야 한다는 것이다.

역사적으로 볼 때 이슬람 문명의 전성기는 7세기경부터 17세기까지의 1천여 년 동안이다. 이 시기에 이슬람 세계의 심장부였던 시리아와 이집트, 이라크, 이란은 비단과 향료 같은 사치품이 교역되던 동서양의 교차점이었다. 유럽인들이 신세계를 발견하여 세계경제의 흐름이 바뀌기 전까지 이슬람 땅은 세계의 중심으로 풍요를 누렸다. 이후 엄청난 양의 석유가 다시 이 지역의 경제를 변화시켰으며 그에 따르는 정치, 문화의 변화 또한 큰 의미를 지니게 된다.

이슬람의 미술

7세기경에 유목민이었던 아랍부족들 사이에서 시작되어 15세기에 대서양과 인도양 사이의 지역, 중앙아시아의 대초원과 아프리카 사막 지역을 포괄하게 된 이슬람 미술의 개념은 이슬람 문화 자체뿐 아니라 외지인에 의해 창조된 것까지 포함하여 범위가 매우 넓다. 또한 이슬람 미술은 종교적 의미를 나타내는 특정한 양식이나 작품을 지칭하기보다는 이슬람 문화 전체와 관련된 모든 미술을 통칭하곤 한다. 물론 이슬람 미술의 제작에 있어서도 기독교 미술처럼 종교와 밀접한 관계를 가지고 있었고, 무슬림 또한 기독교인들만큼이나 그들의 종교에 헌신적이었지만, 이슬람 미술은 기독교 미술이나 불교 미술처럼 오로지 종교적인 의미를 갖는 미술만을 지칭하는 것이 아니라, 지역적·시기적으로 변화가 많았던 이슬람 세계에서 만들어진 미술을 일컫는 것이기 때문이다.

이슬람의 역사는 대체로 첫째, 이슬람이 탄생하여 칼리프들에 의해 통치되고 확장된 600~900년, 둘째, 칼리프 시대가 붕괴되고 뚜렷한 이슬람 예술적 문화가 형성된 900~1500년, 셋째, 강력한 황제들이 등장하여 통치했던 1500~1800년경으로 나눌 수 있다. 미술도 이에 따라 그 발전과정을 추적해 볼 수 있다.

이슬람 미술은 사산왕조 페르시아조의 고대문양들과 지중해 비잔틴의 문화유산을 기본적으로 반영하고 있다. 이슬람 미술이 다양한 면모를 가지는 것은 바로 이 때문이다. 그러나 엄격한 유일신 교리에 따른 이슬람교에서는 우상숭배가 엄격하게 배제되었다. 신은 더구나 불가시적(不可視的) 존재이기 때문에 신을 형상으로 나타내는 것은 불가능한 것으로 생각했다. 종교적인 도상(圖像)을 용인하고 사용하는 다른 종교미술과 이슬람 미술이 구별되는 이유가 여기에 있다. 따라서 구상적이고 사실적인 표현보다는 추상적이고 관념적이며 장식적인 표현을 더 선호하는 경향이 생겼다. 기하학적인 문양, 양식화한 식물문양, 아라비아 문자를 기본으로 하는 아라베스크 문양 등은 이슬람 미술의 장식성과 추상성에 대한 선호를 단적으로 나타낸다. 이슬람 미술이 서양의 기독교 미술과 달리 거창한 회화나 조각을 통해 신앙의 표출이나 문화 창조에 힘쓰지 않은 것 또한 이와 연관시켜볼 수 있다. 이슬람교가 인간의 형상 표현을 금지했기 때문이기도 했지만, 이슬람 미술 자체가 신을 묘사하기에 적합한 미술이 아니었다는 점이다.

회화와 조각의 자유로운 활동이 억제된 이슬람 미술에서, 예술가들의 창작의욕이 발휘된 곳은 오로지 공예와 장식뿐이었다. 그러므로 이슬람에서 공예가 지니는 의미는 다른 어느 지역이나 종교에서보다 훨씬 더 크다. 즉 서양미술의 관점에서 부차적이고 장식적이라고 여겨지는 미술이 이슬람 문화에서는 중요한 역할을 한 것이다. 그중에서도 문자(글쓰기와 글씨장식 혹은 서예, 제책술), 금속 및 유리공예, 직물 등의 발달은 다른 곳에서는 유례가 없을 정도이다. 그러므로 이슬람 미술의 전반적인 특징을 이 세 가지, 즉 책과 문자장식, 공예, 직물을 통해 살펴보는 것이 유용할 것이다.

이슬람 예술은 응용예술의 정수다. 정치, 종교 지배자들과 미술가들 모두 회화나 조각이 아닌 이러한 미술들에 적극적으로 참여하고 후원했다. 이러한 사실을 이해한다면 이슬람 미술을 서구 미술에 비추어 판단하는 우를 범하지 않게 될 것이다.

책과 문자 장식: 문자는 이슬람 초기의 문화와 예술에서 가장 중요한 의미를 지닌다. 실제로 문자의 중요성은 〈코란〉 전체에서 볼 수 있다. 알라가 무하마드에게 계시한 말씀을 글로 기록하게 하여 인간이 문자를 통해, 즉 율법을 읽음으로써만 배울 수 있음을 강조하였는데, 양피지나 파피루스에 받아 적었다고 전해지는 그 계시가 본격적으로 글로 기록되어 〈코란〉이라는 필사본으로 완성된 것은 무하메드가 죽고 나서 200여 년이 지난 9세기 말의 일이다. 새로운 표기법과 서체가 고안되고 그것들은 황금 주화의 디자인에도 적용되었다. 코란을 구성하는 아라비아어는 종교적 교리의 전달이라는 기능 이외에 다른 종교에서처럼 도상의 역할을 하는 경우도 있다. 이는 아라비아 문자가 지닌 장식적 특징에서 연유하는 것으로 문자 자체가 율동적이고 아름다운 모양을 지녔으며, 직선과 곡선을 자유자재로 나타낼 수 있기 때문이다. 또한 표음문자에서 공통적으로 볼 수 있듯이, 아라비아 문자의 추상적인 형태는 기하학적 문양과 아라베스크 등 역시 추상성이 강한

장식적 요소들과 쉽게 조화된다는 이점이 있었다.

중기에 들어서면서 이슬람의 제책술은 완숙한 경지에 이르게 되고 가장 보편적으로 생산되고 화려하게 장식된 〈코란〉 이외에도 과학, 연애, 역사, 소설, 서사시와 서정시를 다룬 책들도 정교한 필체로 복사되고 아름다운 삽화로 꾸며졌다. 또한 종이의 보급은 건축설계, 데생과 같은 종류의 표현수단을 발전시키는 데 한몫을 했다. 이란의 티무르 왕조의 궁전은 15세기 말경 책의 제작에서 가장 핵심적인 중심지였지만, 이란을 넘어 이슬람 전역의 지배자들이 화려한 책을 원하고 있었기 때문에, 수공으로 만든 이 시기 최고의 예술 작품인 훌륭한 필사본들은 거래되거나 선물로 오갔으며 때로는 전리품으로 취해지기도 했다.

16세기 이후, 이란의 제책술은 오스만 제국(터키)과 무굴제국(인도 지역을 통치한 이슬람 왕조, 1526~1857)에도 전해진다. 이 시기에도 〈코란〉의 필사본은 독보적인 위치를 차지했는데, 중기의 서예가들이 완벽하게 다듬어 놓은 서체를 충분히 반영하면서 계속 발전되었다. 이제는 궁전뿐 아니라 상업적인 작업장에서도 제작되어 대량 생산되기 시작했다. 이란의 첫 왕의 이야기를 그린 〈가유마르스의 궁전〉은 이슬람의 필사본 삽화 중 가장 뛰어난 걸작으로 꼽힌다.

책의 삽화가 점점 커지고 복잡해짐에 따라 책에 직접 그리기보다는 별도의 종이에 그린 후 책에 덧붙이는 방법이 사용되었다. 또 특수한 분야에 남다른 재능을 지닌 서예가와 삽화가들이 등장하면서 필사본 제작도 점차 분업화하는 경향이 있었다. 동아시아나 유럽의 미술과 달리 이슬람 미술에서는 서예가 가장 높은 위치를 차지했다. 자연히 이슬람의 서예가는 오랫동안 특수한 신분을 누렸으며 비자드, 두스트 무하마드, 리자, 무인 등 개인의 이름이 전해오듯이 그들의 개별적 예술성 또한 높은 평가를 받기도 했다.

　공예: 이슬람 땅은 야금술의 오랜 전통을 가지고 있었다. 금, 은, 납, 수은, 구리, 철 등이 매장된 주요 금속이었기 때문에 거의 모든 지역에서 야금술이 발달했다. 주조와 타출(打出), 상감(象嵌), 도금, 금박, 투조(透彫) 등 다양한 기법을 사용하여 물병, 촛대, 향로 등을 만들었다. 무슬림은 장신구나 식기에 귀금속의 사용을 극히 꺼리고 금지했지만 사실상은 칼리프를 비롯한 많은 사람이 금은 식기를 사용했다는 문헌 기록이 많다. 초기의 금은제 식기들은 높은 양각으로 기하학적 문양과 단순화된 동식물의 문양을 넣고 있다.

　이슬람의 섬세하면서도 화려한 공예품들은 십자군 원정 이후 시리아와 팔레스타인 해안을 따라 들어온 유럽인들에게 상당히 큰 인상을 주게 되고 곧 유럽으로 건너가 성물 함 등의 제작에 영향을 주게 된다.

　금속공예처럼 유리제품도 이슬람 이전의 기법과 모티프를 이용하면서 정교하게 다듬은 복잡한 장식을 보여 준다. 가장 많이 제작된 형식의 유리제품은 연고와 향수, 화장품을 담는 작은 병이었다. 유리는 쉽게 깨지는 단점 때문에 현재 남아 있는 것이 극히 드물지만, 금박과 다채로운 색상의 장식과 함께 이슬람 공예기술의 정수를 보여 준다.

　도자기와 타일의 경우 특히 오스만 제국에서 가장 발전되었다. 다양하고 새로운 형태를 고안하고 화려한 색채를 사용한 당시의 도자기들은 이미 해외에서도 인기가 많았고 지중해의 여러 지역에서는 모방되기도 했다. 또한 황실용 건물, 민간용 건물, 개인 저택에 붙일 엄청난 양의 타일들은 대부분 붉은색으로 그림을 그리고 투명 유약을 발라 역시 반짝거리는 장식적 효과를 주었다. 타일과 식기류의 질과 예술성, 제작기술은 17세기 초부터 쇠퇴하기 시작한다.

직물: 이슬람의 뜨겁고 척박한 땅에서 직물은 뜨거운 햇빛으로부터 피부를 보호하고 해가 진 후 추워지는 사막의 밤과 겨울에 온기를 주는 필수품이었다. 또한 이슬람 세계에서도 옷은 남자와 여자, 부자와 가난한 자를 구분하고 유목민과 정착민, 무슬림과 비무슬림을 구분하는 기준이었다. 또 직물은 공간을 덮거나 나누는 데도 사용되었는데, 서구적인 개념의 침대나 장롱, 테이블, 의자 같은 가구가 없는 이슬람 세계에서 직물은 가구의 역할을 대신했고, 보관용 자루와 쿠션, 깔개 등으로 사용되었다. 차갑고 축축한 바닥에서 벗어나기 위해 가구를 발달시킨 서유럽과는 달리, 이슬람 세계에서는 먼지를 막고 추운 겨울에 온기를 유지하는 데 융단을 사용했다. 또 공간을 기능적으로 분할하는 가구와는 달리, 직물은 이동성이 뛰어나 하나의 공간을 다용도로 이용할 수 있는 가능성을 준다는 이점이 있었다.

초기 이슬람 시대의 직물은 단편적으로만 남아 있지만, 중기 기후의 직물은 대량으로 존재한다. 직물은 거의 모든 이슬람 땅에서 핵심산업의 하나였고 수출경제의 버팀목이었다. 모직, 린넨, 면, 비단, 벨벳 등 모든 직조가 발달하였고, 황금색을 기본으로 한 다양한 색실들과 문양들로 화려함을 더하였다. 특히 양모(羊毛)로 짠 카펫들에는 동물문양, 기하학적 문양, 아라베스크 문양들을 기본으로, 정원이나 풍경 등이 생생한 색채로 구성되기도 했다.

기독교

오늘날 기독교는 이것에 관해 특별히 설명을 할 것도 없이 미국과 유럽을 중심으로 꽃을 피우다가 아프리카, 아시아, 특히 한국에서 만개하고 있는 예수를 그리스도(주님)으로 믿는 삼위일체 신개념과 주님의 동정녀 탄생, 주님의 부활, 영생을 믿는 종교다. 이슬람교와 유대교 기독교는 한 뿌리에서 태동되었으며 크게 다른 점은 한 하나님을 믿지만 유대교와 이슬람교는 예수를 주님으로 인정하지 않고 여러 예언자 중의 한 사람이며 삼위일체 교리를 수용하지 않는다는 점이다. 이 세 개의 각기 독립된 종교는 인종적인 지역에 따라 정착하여 저마다의 교리를 발전시키고 선교를 하고 있지만 불교와 같은 종교와 다르게 서로 태생과 교리가 비슷한 관계로 그 반목이 오히려 그 어느 종교들보다 심각하다.

서양문화는 그리스 로마와 기독교 문화에 그 뿌리를 두고 발전하여 왔다. 오늘날 전 세계의 문화지도는 소수문화와 토착문화를 제외하면 크게 기독교, 이슬람교, 불교문화로 그릴 수 있다. 오늘 동북아시아 문화는 서구문화의 영향으로 인해 불교문화가 그 근저를 이루고 있음에도 불구하고 기독교 문화의 영향을 크게 받고 있다.

기독교는 교리적으로 상을 제작하지 못하게 금지했던 관계로 긴 세월 미술의 발전이 없었지만 예배를 드리기 위한 건축의 지대한 발전이 있었다. 미술은 형태를 지닌 조각보다는 동방교회를 중심으로 회화적인 아이콘 그림이 발달했다. 가톨릭교회가 문화를 치리하던 서양의 중세기에는 성서 내용을 주제로 한 성화가 주로 그려졌으며 중세를 지나 르네상스 이후에 세속적인 회화가 크게 발전하였다. 양식은 크게 건축을 중심으로 동방의 비잔틴 양식과 서방의 로마네스크, 고딕 양식으로 발전하였다. 특히 고딕 양식은 가톨릭 예배를 담기에 적절한 신학적인 공간 배치와 양식을 갖추고 있는데 종교개혁 이래 개신교회들도 고딕이 교회 건축의 상징으로 받아들여 오늘날까지 고딕 양식을 원형으로 한 교회 건축이 많이 축조되고 있다.

필리핀은 약 7,000여 개의 섬으로 이루어진 나라이다. 필리핀이란 국명은 1540년경 스페인 사람들이 이 지역을 점령한 후 스페인의 왕

필립 2세의 이름을 따서 명명하였다. 스페인 사람들은 필리핀 사람들에게 가톨릭을 함께 전파했는데, 이후 가톨릭은 필리핀을 종교적으로 묶을 수 있는 강력한 통합 요인이 되어 왔다. 현재 필리핀 국민의 약 84%가 가톨릭 신자로서 필리핀은 아시아에서 유일하게 기독교가 우세한 나라다. 마닐라의 대주교 하이메신 추기경의 지도 아래 가톨릭은 상당한 정치적 영향력을 행사하기도 했다. 또한 필리핀 내의 많은 종교 축제들은 그들의 신앙생활의 단면을 보여 주는데, 일례로 루손 섬에서는 매해 성 금요일에 고해자들이 대형 십자가에 실제로 자신을 못 박기도 한다고 한다.

필리핀에는 가톨릭 외에도 9% 정도의 개신교도와 4% 정도의 이슬람 신자들이 있다. 스페인 사람들이 필리핀에 도착하기 약 200여 년 전인 1300년경, 조호르(현재는 말레이시아의 일부)와 수마트라의 이슬람교 지도자들이 정복과 개종을 위해 남부 필리핀으로 들어오게 되며, 그 이후 이슬람교는 술루 제도와 민다나오 섬에 깊은 뿌리를 내리게 된다. 이후 스페인 사람들의 온갖 노력에도 불구하고 민다나오 섬을 포함한 필리핀의 남단지역은 정복되지 않았고, 그 지역은 여전히 이슬람교가 우세한 영역으로 남게 되었다.

역사적으로 볼 때, 대다수인 가톨릭 신자들과 소수인 남부 이슬람교도들의 관계는 좋지 않았다. 이것은 종교적인 갈등에서 연유하기도 했지만, 북부와 중부의 기독교인들보다 남부의 이슬람교도들이 더 가난과 소외를 받아 오게 된 정치·경제적인 문제로부터 발생하기도 했다. 한편 고립된 섬과 시골지역의 사람들은 가톨릭교회와는 상관없이 옛 부족들이 숭배했던 정령신앙과 자연숭배를 그대로 이어 받아 그들 나름대로의 의식을 보존하고 고유한 방식으로 축제일을 기념하기도 한다. 국민의식이 강한 필리핀의 도시민들과는 달리, 이러한 소수 인

종집단을 구성하는 사람들의 대부분은 외부 세계에 대해 별로 관심을
갖지 않는다.

필리핀의 미술

필리핀의 국민 90% 이상이 가톨릭이다. 이 중에 성공회를 비롯한
개신교가 없지 않지만 그 수세는 아주 미약하며, 종교미술은 1517년
이래 스페인 식민치하에서 전도된 스페인풍의 가톨릭 미술이다. 스페
인을 포함한 일본과 미국의 400년 식민통치 이래 1946년 7월 독립을
한 후에도 필리핀 문화는 스페인과 미국의 혼합된 문화였으며, 공식
적인 언어를 영어로 사용하기 때문에 한때 문화적인 수입 경로는 자
연스럽게 미국이었다. 그 영향은 전 세계가 그러하듯이 필리핀도 예
외가 아니며 오늘날까지 지속되고 있다. 주변국과의 미술을 위시한
문화교류는 인도, 인도네시아, 말레이시아, 태국과 호주, 일본, 중국
과 주로 교류하고 있는데 아직 한국과는 괄목할 만한 특별한 교류는
없다.

1965년부터 1986년 2월에 이르는 마르코스의 독재치하에서 필리핀
예술가들은 미국의 식민문화 청산과 독재 정부에 대한 비판적인 정치
적 성향이 짙은 민중미술 운동을 활발하게 전개하였다. 특히 1972년
계엄령 선포 이후 학생운동이 강렬해지면서 벤카 브레나, 구스만, 안
젤리코 안토니오, 다닐로 달레나와 같은 예술가들을 중심으로 멕시코
와 칠레의 민중벽화운동을 수입하였는데 이것은 한국 민주화 과정에
있었던 민중미술운동, 판화, 걸개그림운동과 비슷한 성격이다. 현대
작가 에셀 모스코조는 고통이 없는 세상을 묘사하길 원한다고 말했
다. 건축 양식은 열대지방 기후 특성으로 동남아시아 나라들과 비슷
하며 도시 곳곳에 과거의 스페인풍의 건물들이 잔존해 있으며 오늘날

가옥의 형태는 서양식 혹은 전통 필리핀식과 접목한 목조 시멘트, 벽돌조 건물이 축조되고 있다.

한국의 불교 가람과 미술

불교는 인도에서 출발하여 동남아지역(스리랑카, 미얀마, 베트남)에 정착한 불교와 북인도에서 출발하여 실크로드를 타고 중국과 티베트를 걸쳐 360년경 고구려로 유입된 불교다. 조선 태조 이성계의 숭유억불 정책으로 그 후 약 15년 정도 불교가 탄압을 받았던 역사가 있다. 그로 인해 한국 가람의 특징은 삼국시대의 사찰에서 볼 수 있듯이 고구려, 백제, 신라의 가람이 조금씩 차이가 나타난다. 고구려 가람은 절대적으로 탑파 중심이며 복수 금당제인 반면에 백제는 일 탑 일 금당제(부여 군수리 사지, 금강사지)이고, 신라는 고구려 계통의 가람을 신라식(미륵사지, 황룡사)으로 개량한 것이 주종을 이룬다. 통일신라시대는 풍수의 영향으로 평지 일 탑식에서 2탑식 산지 가람(해인사, 화엄사, 부석사)으로 배치된다. 초기에는 탑이 사찰의 중심이었지만 후대에 갈수록 신앙의 대상이 불상으로 옮겨감에 따라 건물 중심(조선시대 통도사)으로 바뀌었다. 예배 방향도 종교에 따라 다른데 기독교는 태양신 숭배 영향으로 동향배례를, 이슬람은 메카가 있는 서향배례를, 불교는 북향배례를 한다. 최근에 기독교는 교회 부지 선택에 여러 어려움으로 인해 동향배례라는 전통적인 상징적 도상이 꼭 지켜지지 않지만 이슬람은 방향을 율법으로 지키고 있다. 이슬람은 회화나 조각이 금지되고 그 대신에 문양이 발달하게 되었지만 개신교와 일부 불교(선종)는 성화상 논쟁을 통해 조각과 아이콘을 사용하지 않고 있다. 불상이 우상인지에 대한 불교 밖의 많은 종교들의 입장은 다양하지만 최초로 만들어진 것은 불상이 아니라 탑이었고 부처의 사리를 모신 탑이 최초의 예배 대상이었다. 그 후 점안식이라는 의식을 한 후 불상이 사찰에 모셔진 것이다.

불교에도 성스러운 나무로써 보리수 외에 몇 가지 중요한 시각적인 상징물들이 있다. 연꽃은 본래 이집트 산이었는데 이것을 불교에서 사용한 것이다. 사자는 백수를 거느리는 왕으로써 왕의 기품을 상징했는데 언제나 하대석에 조각을 했다. 각황전을 보면 앞에 두 마리 사자는 암사자이며 뒤에 있는 두 마리 사자는 수사자다. 기독교의 기독아이콘처럼 불상도 초인적인 특징을 드러내기 위해 32상으로 표현을 한다. 그렇다고 모든 불상마다 32상 모두를 나타내지는 않는다. 이마와 이마 사이의 제3의 눈은 인간이 볼 수 없는 것을 볼 수 있는 힘을 나타내며 이것은 지혜의 상징이기도 하다. 손의 길이와 갈퀴 모양의 손바닥은 중생 구원을 의미하며 발바닥에는 법륜을 각인하고 연화 대좌에 앉아 있는 모습이다. 다양하게 나타나는 수인들은 저마다 상징이 있는데 손의 모습에 따라 불상의 종류를 알 수 있다. 이것은 전 세계 불상이 공통으로 지니고 있는 도상이다. 왼손은 언제나 소원을 들어주는 손이다. 그 밖에 지혜를 상징하는 문수보살과 자비를 상징하는 보현보살은 중생과 더불어 사는 존재다. 험난한 세상을 극락화하는 것이 보살의 의무이며 모든 중생의 목표는 부처가 되는 것이다.

맺는 글

지구화 시대에 지역문화 연구가 갖는 의미는 다양하다. 특히 한국은 미국과 일본을 중심으로 한 서양문화가 급속히 수입되면서 한국문화의 정체성은 혼잡 문화를 형성해 가고 있다. 세계 대중문화의 유행을 국가가 통제하고 검열하는 데도 한계가 있으며, 오히려 한국은 이러한 혼잡 문화를 수용하고 재창출한 한류문화를 일본을 비롯한 아시아 전역으로 확장시켜 갈 것을 장려하고 있다. 이미 이러한 한류문화에서 한국성을 찾기란 쉽지 않다. 한국성·한국적이란 개념과 그 성격의 범주를 규정하는 데도 어려움이 있지만 대체로 전통성을 꼽는다. 그러나 이 전통성 문제도 일제 강점 문화와 서구 근대화 문화가 수용되면서 전통성 담론도 복잡해지기 시작했다. 과거의 유행가가 오늘의 고전이 되듯이 오늘의 한류문화가 후대에는 한국의 전통문화로 인식될 수 있다는 점이다. 그러나 전통성은 한 세대의 산물로서 그 당대에 그치는 것이 아니라 시간과 공간을 초월하여 한 국가 한 민족에게 영원성을 지니고 있는 것이라고 할 수 있다. 아무리 현대 건축이 발달하여 한국 땅 위에 축조되고 있을지라도 극소수의 목조 한옥구조 건물은 여전히 한국인에게 영원성이 있다는 것을 의미한다.

한국은 점차 단일인종에서 다인종 다문화 국가로 변천해 가고 있다. 특히 미국을 중심으로 한 정치·경제·군사·문화지도가 동북아시아의 전통문화를 점차 잠식시켜가고 있으며 이로 인한 아시아 국민들의 정체성 혼란은 이미 드러나기 시작했다. 오늘에 와서 다시 과거의 전통문화로 되돌릴 수도 없거니와 그럴 당위성은 없을지라도 문화의 토착화 노력은 부단히 지속되어야 한다. 문화에는 접변과 수용 과정에서 스스로 최적의 문화를 창출해 내려는 속성이 있다. 그러나 지키고 보존하고자 하는 항성의 전통적인 문화와 경제적인 부가가치를 생산해 낼 일정한 목적을 지닌 대중문화는 언제나 변화할 변성을 갖고 있다. 문화를 기획하고 통제하며 장려하는 방법에는 크게 정부기관이 적극 개입하는 구성주의 방법과 최소한의 간섭과 통제만을 하는 자유주의 방법이 있다. 점차 사라져가는 전통문화를 복원하고 되살리기 위한 것과 환경, 생태, 청소년 보호에 관련된 문화는 대개 구성주의 방법이 동원된다. 개발도상 국가나 독재, 사회주의 국가체제일수록 구성주의 방법이 강하다. 한 국가 안에 존재하는 다양한 문화 안에는 인종과 지역에 따라 저마다 정체성을 유지 확보하고, 경제적인 이윤을 창출하기 위해 자신들의 문화를 보존하고 장려하며, 미래지향적인 기획을 하는 중에 유형, 무형의 문화는 이러한 정치적 영향을 받게 된다. 문화란 서로 우열을 가릴 수 있는 대상이 아니며 문화는 저마다 태동된 사회 정치적인 동인과 그것에 부여된 상징과 가치가 있는 것이다.

최근 이슬람 탐구가 한국에서도 유행처럼 번지고 있다. 1990년 미국이 이라크를 침공하고, 반미운동이 일어나고 많은 무슬림이 이주노동자로 이 땅에 들어오면서 용산의 이슬람 사원을 일부러 방문해 보는 사람들도 늘어났다. 부자 보수 교회들은 무슬림 나라 안으로 침투하여 그들의 기독교 개종을 강요하고 있고, 급기야 김선일과 같은 희생자가 발생하기에 이르렀다. 많은 정보로 인해 이들의 태도는 조금씩 변해 가고 있지만 여전히 이들의 눈에 이슬람은 여전히 지옥에 갈 종교다.

철학, 과학, 천문학, 연금술, 유리공예에 이르기까지 서양의 문화는 수차례 십자군전쟁과 무역을 통한 이슬람의 영향 없이 오늘날처럼 발전할 수 없었다. 과거 세계의 문화권을 크게 구분하면 정착하여 삶을

꾸렸던 농경문화와 떠도는 유목문화, 그리고 그 중간 형태로 분할할 수 있다. 각기 독특한 풍토에서 종교는 재배(cultur)되는데 자신의 종교와 다른 종교를 배타하는 것은 타 문화를 배타하는 편협하며 독선적인 문화이다. 팍스 로마나(Pax Romana)가 평화가 아닌 평정이었듯이 이 배타성은 팍스 아메리카나(Pax Americana)로 이어지고 있다. 기독교 수입 때부터 미국의 강한 영향을 받은 한국 보수 기독교는 팍스 아메리카나에 자발적으로 동승하여 무슬림과 이슬람을 평정하는 데 순교자적 사명을 다하고 있다. 이것이 오늘 한국 기독교의 현주소다.

폴 틸리히는 기독교도와 불교도와의 대화편에서 몇 가지 주의할 점을 제시하고 있다. 첫째, 서로 상대방의 종교적 확신의 가치를 상호 인정해야 한다는 점이다. 둘째, 서로 자신의 종교적 근거를 확신을 가지고 표현할 수 있어야 한다는 점이다. 셋째, 두 종교의 대화와 논쟁을 가능하게 하는 공동의 장이 전제되어야 하며 끝으로, 양편 모두가 자신의 종교적 근거에 대립된 비판들을 수용할 관용성을 지녀야 한다는 점을 들고 있다.

지금은 종교 간의 평화가 어느 시기보다 더 요구되는 시대다. 무엇보다 국내에서는 이웃종교 간의 평화보다 같은 종교(기독교)에서 노골적으로 진보/보수 진영으로 갈라져 국내 국제정치 이슈에 서로 다른 주장과 행동으로 그 반목의 골이 더 깊어지고 있다. 예를 든다면 진보적인 기장교단과 보수적인 순복음교단이 추구하고 있는 민중지향적이며 본질적이며 근본적인 신학적 기반이 서로 상이한 것이 아니다. 서로를 이해하고 관용하려는 태도를 갖기 위해서는 이웃종교 이웃교단에 관한 지식(문화)이 필요하다. 이 점에서 관용도 지식이며 훈련이다.

최근 국내에 외국인 이주 노동자들이 입국하여 생산 현장에서 노동을 하며 겪고 있는 문화충격은 한국인이 외국에 나가 겪게 되는 문화충격과 별반 큰 차이가 없다. 2006년 12월 31일 남양주에서 있었던 외국인 이주 노동자 축제에서 만난 방글라데시인이며 이슬람 종교를 갖고 있는 누압(40세) 씨는 남양주 가구단지에서 7년째 생산직 노동을 하고 있는데, 대체로 한국에 와 있는 외국인 근로자들은 한국 전통문화에 큰 관심이 없다고 말한다. 열악한 생산 환경 속에서 떠나온 고국과 가족이 가장 그립고 임금이 체불되지 않기를 바라는 것이 현실이다. 한국에서 살기 위해 가장 시급하게 습득해야 할 지식은 노동법과 이민법을 포함한 한국 법과 급변하는 정치상황, 그리고 한국어 교육이다. 또한 내국인과 같은 의료보험 혜택을 받고 인권을 보호받는 일이다. 이들에게 한국 전통문화에 대한 관심은 부차적일 뿐이다. 처음 입국하면 음식과 교통 문화가 낯설고 자신들의 종교 예식을 행할 기도처소가 마땅치 않다.

명절이 되면 비로소 한국 역사와 전통문화에 관심을 갖게 되지만 한국의 한류문화, 대중문화에 더 관심이 많다. 이러한 현상은 비단 국내에 이주해 온 외국인 근로자만의 문제가 아니며, 거꾸로 이 문제는 한국인이 외국에 나갔을 때 겪게 되는 문제와 크게 다를 것이 없다는 점이다. 외국인이, 또 한국인이 서로 다른 외국에서 생활하게 되는 경우 시급하게 요구되는 문제들은 대체로 위에서 열거한 사항들이지만 이러한 문제가 해결된다고 문화충격이 소멸되는 것은 아니다. 생활하면서 현재 문화를 몸으로 체득하겠지만 시급한 법적인 문제들과 동시에 해당 국가의 전통문화와 대중문화를 바르게 습득하지 못하면 종합적이며 체계적으로 타 문화, 다문화를 바르게 이해할 기회를 잃고 자신의 체험에 따라 문화를 왜곡되게 인식할 위험이 있는 것이다. 최근 국내의 여러 시민단체와 정부기관에서 외국인 이주근로자들을 위한 문화교실, 문화체험의 장을 마련하고 있지만 더 시급한 것은 국민들의 이들에 대한 잘못되고 편협한 인식을 교정하는 교육프로그램과 체험의 기회를 확장하는 일이다. 이를 위해 국민들이 부담 없이 가까이 접하며 교양지식도 더불어 습득할 수 있는 타 국가, 타 인종의 시각예술과 종교를 안내하는 것이 효과적일 것이다.

후주
참고 문헌

한국교회 건축의 과거, 현재, 미래

1) 宗古聖敎會月報, 63, 1914년 3월호.

2) 프랑스 파리 외방선교부가 건축 주체가 되어 축조한 서울 가톨릭 명동성당(1883-1898) 교회를 건축하기 위해 교회 부지를 마련하는 과정에 관한 글이다. 명동성당 부지 구입에 관한 글은 가톨릭 측에서 이미 발표한 바 있는데, 기존의 발간된 자료를 기본으로 하여 다시 살펴보는 것이다. 시기적으로 명동성당의 부지 구입을 통해 조선 말엽, 개화기 한불조약 이후 프랑스가 조선에 미친 국력의 영향도 엿볼 수 있을 것이며 부지 구입의 주체였던 프랑스인 백 주교의 종교적 제국성이 엿보인다.

1. 부지(터)의 실제 주인

명동성당의 터가 천주교와 인연이 있기 이전, 원래 이 자리는 1874년에 죽은 이조판서를 지냈던 윤정현의 집터였다. 황현(1855-1910)은 그의 '매천야록'에서 명동성당의 유래에 관해 다음과 같이 말하고 있다.

"남부의 종현은 명동과 저동 사이에 있는데 지대가 높고 조망이 좋은 곳이다. 윤정현의 집이 그 마루턱에 있었는데 10여 년 전 서양인이 이를 구입하여 철거하고서 평지를 만들어 교회당을 세워 6년만에 공사를 마쳤다…"(명동천주교회, 『명동천주교회 200년사 제2집』; 『명동성당건축사』, 명동천주교회 편, 서울, 한국교회사연구소, 1988, 22쪽)

고종은 윤정현이 생의 말년에 극심한 생활고에 시달리는 것을 보고 그의 아들 윤태경에게 이 땅을 특사하였지만 아들도 이 큰 땅을 유지할 여력이 없어 하사받은 땅을 팔아버린 것으로 전해진다. 이 부지는 1883년부터 김가밀로의 이름으로 부분 매입되기 시작하였으며 종현 서당으로 사용되었다. 1887년 성당과 기본 건물을 지을 만큼 큰 대지가 마련되자 백 주교는 고(Coste) 신부를 통해 종현의 산등을 깎아서 1890년까지 집터로 만들게 하였다.

2. 프랑스 외방전교회의 힘

1883년부터 명동성당 부지 구입은 김가밀로를 시작으로 가톨릭교인들 사이에 사사로이 시작되었는데 본격적인 매입은 1886년 한불수호조약 비준 전후로부터 시작된다.(같은 책, 22쪽 재인용) 1887년 파리외방전교회의 연보에 실린 백 주교의 보고를 재인용하면 다음과 같다.

"우리는 아직도 건축을 시작하지 못하고 있습니다. 그러나 하느님의 도우심으로 겨울 전에는 시작할 수 있을 것으로 봅니다. 우리가 구입해 놓은 대지는 도시 중심부에 위치해 있으며, 주요한 기본 건물들을 다시 지을 수 있을 만큼 넓은 대지입니다."(같은 책, 같은 쪽)

그러나 부지 매입 과정은 순조롭지 못했다. 명동성당 부지에 관한 정부의 토지 소유권 억류와 국유지 및 풍수지리설 논쟁에 걸친 대지분쟁이 1890년 구정 무렵까지 계속되었다.(최석우, 『한국천주교회의 역사』, 서울, 한국교회사연구소, 1984, 176-179쪽; 위의 책, 같은 쪽 재인용) 이 대지 분쟁은 1888년 1월 한국 정부가 토지 소유권을 억류하면서 시작된 분쟁이다. '이 땅은 조선 왕조 임금들의 어진이 모셔져 있는 영희전의 주맥으로써 국유지이며, 영희전이 내려다보이는 곳에 건축을 해서는 안 된다는 풍수지리설적인 이유 때문이었다.' (위의 책, 23쪽) 이러한 정부 측의 주장에 대해 가톨릭 측은 '이곳은 국유지가 아닌 사유지이며 풍수지리설에 따른다고 할지라도 종현과 영회전의 주 맥사이에 골짜기가 있어서 종현은 영회전의 주맥이 될 수 없다'고 주장하고 정부의 조처에 항의했으나 받아들여지지 않았다. 건축일지를 살펴보면 '1885년 3월 5일 러시아 공사를 통해 환지를 제의해 왔으나 백 주교가 불응하였으며, 1888년 6월 프랑스 공사 프랑시(Collin de Plancy)가 부임하여 한국 정부에 대하여 토지 소유권의 반환만이 이 문제를 합법적으로 해결 방안임을 강조하고 조속한 토지문권의 반환을 촉구했다. 이 문제가 아직 해결되지 않은 상태에서 백 주교는 1888년 7월 8일 조선교회를 성모 마리아에게 바치는 봉헌식을 공공연하게 거행했다. 1889년에 토지분쟁이 일어나자 백 주교는 분도 성인에게 특별 가호를 청원하며 새 성당에 분도 성인의 석상과 제대 설치를 서약했다. 그 이듬해인 1890년 1월 21일을 전후로 토지문권이 정부로부터 교회에 반환되었다. 한 달 후 2월 백 주교는 마리아께 감사하는 대미사를 거행하고 곧 벽돌로 주교관을 건축하기 시작하고 같은 달 21일 백 주교는 별세하였다.' 이상이 건축일지에 기록된 간단한 기록이다.

성당 부지의 매수에서부터 건축 비용의 상당 부분이 파리외방전교회의 재정 지원에 의한 것이었고 교우들의 헌금과 노력봉사도 상당했을 것이라는 추정이다.(위의 책, 24쪽)

3. 19세기 중엽 유럽과 로마 가톨릭의 상황

1870년 나폴레옹 3세는 프로이센과의 전쟁에서 실패하고 1871년 베르사유 궁전에서 빌헬름 1세가 독일 황제로 즉위하기에 이르렀다. 프랑스 군대가 보호하던 교황은 이탈리아 군대의 포로가 되었으며 19세기 후반에 들어 유럽은 무력으로 탄생하는 민족 국가가 대두되기 시작했던 무장 평화 시대였다.

당시 유럽의 기독교는 가톨릭을 포함하여 공통적으로 노동자를 위한 선교와 구호사업, 교육사업과 더불어 대중의 종교 부흥운동이 일어났던 시기이다. 로마 가톨릭이 정립된 국가에서는 가톨릭이 곧 국교가 되던 시기였으며, 자유개혁을 주도하고 사면을 선포하였던 교황 피우스 9세는 개혁을 주저하는 바람에 반대파들에 의해 가에타로 도망갔다가 이탈리아 혁명이 진압된 후 프랑스와 오스트리아 군대의 힘으로 로마로 다시 돌아온 피우스 9세는 자유주의 운동, 정치, 사상, 신학에서 개혁 성향의 운동에 대해 단호한 반대자가 되어 가톨릭을 치리하였다. 이후 가부장적 교황지상주의, 교황에 대한 극단적인 존경과 감정의 정서가 서부 유럽에 퍼지고 로마에 충성하는 여러 종류의 피우스 단체들이 활약하기 시작했다.(한스 큉, 배국원 역, 『가톨릭교회』, 서울, 을유문화사, 2003, 202-04쪽) 다윈의 진화론에도 불구하고 마리아의 무염시태가 시작된 것이 1854년이며 1864년에는 철저히 수구적인 교황회칙을 발표했는데 이것은 반종교개혁적인 교리의 방어였으며 교회에 대한 그 어떤 비난도 오류에 포함시켰다. 이로 인해 과학자, 철학자들이 교회를 떠났고 노동자와 지식인들도 교회를 떠날 수밖에 없는 분위기가 된 것이다. 무엇보다도 교회는 폐쇄적인 계급 구조, 헌신, 겸손, 순종을 요구했다. 즉 반계몽주의를 선언한 것이다. 교황청 내 사람들은 교황지상권과 교황무류성에 대한 주장과 공의회보다 교황이 우위에 있음을 주장하였다. 피우스 9세 후계자였던 레오 13세(재위 1878-1903)는 무류성을 주장하지 않고 교회와 문화 사이의 화해에 관심을 가졌다. 특히 사회주의에 반대하여 사유재산제를 옹호했다. 그러나 치리 말년에는 다시 복고적 경향이 가시화되었다.(같은 책, 205-214쪽) 이것은 백 주교가 신학교육을 받고 파리외방전교회 선교사로 한국에 입국하여 활동할 당시의 로마 가톨릭의 보수적이며 교황지상주의의 정서와 유럽의 정치적 상황이다.

4. 백 주교

토지분쟁은 영희전의 수호신을 어지럽히게 된다는 풍수지리설에 입각한 한국 정부의 주장과 이를 무시한 프랑스 선교사와의 싸움이었다. 정부는 교회 신축 자체를 반대했던 것이 아니라 시내가 내려다보이는 구릉 정상부의 성당입지 조건에 대한 정부의 반대였다.(김정신, 『한국 가톨릭성당 건축사』, 서울, 한국교회사연구소, 1994, 39쪽) 백 주교는 이 터는 개인으로부터 구입한 것이며 이 터에서 옛집의 흔적을 볼 수 있기 때문에 국유지가 될 수 없다고 주장했다. 정부가 러시아 공사의 힘을 빌려 종현 토지를 환지하려고 했던 시도가 실패했는데 그 3년 후 1888년 백 주교는 프랑스 공사의 힘을 빌려 정부의 토지문권의 반환권을 주장하기에 이르렀고 결국 1890년 1월 토지문권은 파리외방전교회에 이양되고 말았다. 분쟁 당시 종현의 토지문권의 법적 소유권자가 정부인지 교회인지를 정확히 밝히는 것에는 여러 가지 문제가 있다. 서양처럼 국가법이 구체적으로 명시되지 못한 당시 한국의 법도 문제지만 정부가 관습에 따라 영희전과 깊은 관련이 있는 풍수지리를 앞세워 토지 환지를 주장한 것에 관해 사제로 한국에서 선교 활동 당시 많은 박해를 직접 체험했던 백 주교는 어떤 종교적 시각으로 이 문제를 보았을까 하는 점이다.

백(G.-M.-J. Blanc, 白圭三, 1844. 5. 6-1890. 2. 21) 주교는 프랑스 브장송 교구의 뢰니에서 출생하여 퓌 고등학교 시절부터 사제가 되기로 결심했던 사람이다. 1862년 리용 교구 사제들이 운영하는 알릭스 신학교에 입학하여 외방선교를 희망했으나 나이가 어리다는 부친의 반대로 뜻을 이루지 못하다가 만 20세 되던 1864년 파리외방전교회 신학교에 입학하여 22세인 1866년 12월 22일 사제 서품을 받고 곧 바로 조선 선교사로 임명되었다.(양인성, "백주교 윤음", 『교회와 역사』, 서울, 한국교회사연구소, 2006, 13쪽) 젊다기보다는 어린 나이에 박해가 심했던 낯선 먼 이국에서의 선교를 결심한 것 하나만으로도 백 주교의 강한 외국 선교 의지를 읽을 수 있다. 국가적·사회적 동인이 그에게 외국 선교의 의지를 심어 주었는지는 알 길이 없지만 백 주교가 신학 교육을 받고 한국에 입국했을 당시 로마 가톨릭교회는 교황지상주의와 마리아 무염시태 교리가 최고에 달해 있던 시점이었으며 특히 파리외방전교회가 이러한 교황청의 명령이나 영향을 강력하게 받지 않았을 리 없다는 심증이다. 백 주교는 주교 서품(1884. 6. 20) 후에도 젊은 시절 로마 가톨릭의 보수적 신학 교육과 분위기 속에서 교육을 받고 신앙을 훈련한 그러한 경험들이 후에 한국에서 주교로써 교회를 치리하고 사목하는 데 영향을 미쳤을 것이라는 점이다. 백 주교가, 주교가 된 당시의 교황은 피우스 9세와 크게 성향이 다를 것 없이 오히려 더 로마 가톨릭을 굳건하게 하기 위해 다양한 회칙을 발표했던 레오 13세(1878-1903)였다.

백 주교는 주교서품을 받고 교구장이 된 후 레오 13세처럼 다양한 지침서를 발표했다. 주된 내용은 박해 시대를 겪으면서 자신과 동료들의 선교 사명을 재확인하는 내용과 선교활동 중에 발생하는 불이익에 대하여 대응하는 것이었다. 이 장에서 주목할 규정으로서는 1884년 9월에 개최한 조선교구 제3차 시노드에서 '정부를 비방하는 말을 신자들 앞에서 하지 말아야 한다'는 것이다. 토지 매입이 시작된 것이 주교서품 직전인 1883년부터이며 그 이듬해부터 토지 분쟁이 시작되는 시점이기도 하다. 신자들 앞에서 정부를 비방하지 말라는 것은 선교사들끼리는 비방을 해도 무방하다는 전제가 있다고 할 수 있다. 동역 선교사들의 회의를 통해 선교 전략을 세우고 실천에 옮기지만 아직도 종교 자유를 완전히 확보하지 못한 상태에서 정부와 관련된 사항에 관해서는 외부 발설을 피함으로써 신자들의 심기는 물론 관리들의 심기 자극을 피할 필요가 있었을 것이다. 1886년 한불조약 체결로 프랑스 공사관이 선교를 적극 후원해 주기 시작했고 이에 힘입은 백 주교는 그 어느 시기의 선임 주교들보다 강력하게 한국 정부와 대응할 수 있었고 교세 확장에 박차를 가할 수 있었다.(장동하, "개항기 교회 재건 운동과 선교정책", 근현대 한국 가톨릭 연구단, 『한국

근현대 100년 속의 가톨릭교회(상)』, 서울, 가톨릭 출판사, 2003, 18-24쪽 참조) 특히 주교교
지에 불교와 도교 등 타 종교를 이단으로 강력하게 명시한 것을 보면 정부가 주장하던 풍수지리설
을 백 주교가 작은 참고라도 했을 것이라는 추측은 무리이다. 1886년 윤음은 백주교의 선교 방침
과 관련된 내용보다는 교황 레오 13세의 회칙을 신자들에게 전하고 있다.(양인성, 위의 책, 13쪽
주 4) 참조)

1882년 3월 백 주교는 부주교로 재직하면서 남포의 서들 골에 안장되어 있던 다블뤼 주교 등 4명
의 순교자 시신을 발굴하여 일본 나가사키로 이장하였다.(같은 책, 14쪽) 박해는 한국에서만 있었
던 것이 아니고 일본에서도 있었던 일임에도 불구하고 순교자의 시신을 일본으로 이장한 사연을
알 수 없지만 한국에서 순교한 순교자의 시신을 한국 땅에 묻을 수 없다는 발상은 나가사키야 말로
순교자가 묻혀야 할 가치가 있는 땅으로 여긴 것이며 일본이 신앙적인 면에서도 종주국임을 인정
한 처사라고 할 수 있다.

5. 결어

철저하게 교황지상주의와 주교 가부장적인 신앙관으로 무장된 백 주교가 한국인, 특히 한국 정부
를 존중했을 리 없으며 한불조약 체결 이후 그의 자세는 더욱 서양우월주의 가톨릭 지상주의를 드
러냈을 것으로 추측된다. 따라서 영회전 풍수지리설 운운함은 무지한 이교도들의 척결해야 할 미
신으로 간주했을 것이며 명동성당 부지 구입 계획에 관한 구체적인 사료가 없지만, 백 주교가
1878년 부주교 재직 시 남산 아래 낙동으로 거처를 마련하면서 본격적으로 시작된 점으로 미루어
이것은 이미 계획된 선교 정책의 일환이었다고 추정된다.

3) 새문안교회(1957), 동신교회(1958), 첨탑은 세우지 않았지만 종교교회(1959), 서교동
교회(1965), 남대문교회(1969)를 들 수 있다. 이러한 양식의 건물은 1970년대에도 계속
축조되는데 경복교회(1971), 한일교회(1976), 연동교회(1976), 상동교회(1976) 등이 현
대미학을 수용한 변형된 네오고딕풍으로 축조되었다. 동시에 70년대는 제암리교회
(1970), 위생병원 안식일교회(1971), 여의도 순복음교회(1972)와 연세대 채플(1972), 새
순교회(1975), 산성교회(1978) 등이 현대적인 자유로운 양식으로 축조된 건축물들이다.

4) 이 부분은 필자의 "한국개신교회의 건축문화와 그 정체성: 분당 신도시 근교의 교회건
축이미지를 중심으로", 신학사상, 서울, 한국신학연구소, 제122호, 2003 가을호에 실렸던
부분을 시간이 흐름에 따라 전면 재수정 보완하였다.

5) 판교, 은혜와진리교회가 축조될 당시 교회 입지는 산자락이었지만 지금은 대로변에 상
가 지역으로 탈바꿈하였고 수원의 장로교회는 아직도 논 한가운데 있다. 과천가톨릭교회
는 피렌체의 한 건물을 옮겨 놓은 듯하며, 분당가톨릭교회는 디즈니랜드와 같은 이미지로
전망을 가로막고 있으며 산본 대로변에는 가톨릭교회와 감리교회 사이에 장로교회가 있
는데, 각기 다른 세 교파의 교회는 거주지와 먼 대로변에 위치해서 서로 규모와 양식을 경
쟁이나 하듯이 서 있다.

강화도 유학과 성공회 강화교회 건축

1) "강화도의 서쪽 끝 하일리(霞日里)는 저녁노을 때문에 하일리입니다. … 하곡(霞谷) 정제두(鄭濟斗) 선생이 당쟁이 격화되던 숙종 말년 표연히 서울을 떠나 진강산 남쪽 기슭인 이곳 하일리에 자리 잡은 까닭이 바로 오늘 저녁의 일몰에서 내일 아침의 일출을 읽을 수 있었기 때문이었다고 믿습니다. 조선시대에는 서울에서 강화까지 걸어서 이틀 길이었습니다. 다시는 서울을 찾지 않으려고 하곡은 강화의 서쪽 끝인 이곳 하일리로 들어왔던 것이라고 생각됩니다. 더구나 손돌목의 세찬 물길로 서울로 돌아가는 길을 칼처럼 자르고 떠나온 그의 강한 결의가 지금도 선연히 느껴집니다. 하곡이 정작 자르고 왔던 것은 당시 만연했던 이기론(理氣論)에 관한 공소한 논쟁과 그를 둘러싼 파당이었다고 할 수 있습니다. 하곡이 이곳에 자리 잡은 후 그의 사상에 공감하는 많은 인재가 강화로 찾아왔습니다. 그리하여 원교(員嶠) 이광사(李匡師), 연려실(燃藜室) 이긍익(李肯翊), 석천(石泉) 신작(申綽), 영재(寧齋) 이건창(李建昌) 등 하곡의 맥을 잇는 학자 문인들이 국학연구 분야에서 이룩한 탁월한 업적의 산실이 되었을 뿐만 아니라 연암(燕巖) 박지원(朴趾源), 다산(茶山) 정약용(丁若鏞) 등 조선 후기 실학(實學)에도 상당한 영향을 미친 이른바 강화학의 전통을 이룩하게 되었던 것입니다. 학문을 영달의 수단으로 삼는 주자학 일색의 허학(虛學)을 결별하고 경전(經典)을 우리의 시각에서 새로이 연구하고 우리의 문화와 역사를 탐구하는 한편 인간 존재의 본질을 사색하는 등 다양하고 개방된 학문의 풍토와 정신세계를 이루어 내었던 것입니다. 곤궁을 극한 어려운 생활에도 개의치 않고 250년이라는 오랜 세월 동안 이러한 실학적 전통을 연면히 지켜온 고장입니다. 이른바 강화학파의 맥을 이어온 곳입니다. 강화학이 비록 봉건적 신분질서와 중세의 사회의식을 뛰어넘은 것이라고는 할 수 없지만 이곳이야말로 지행합일(知行合一)이라는 준엄한 지식인의 자세를 조금도 흐트러지지 않고 인간의 문제와 민족의 문제를 가장 실천적으로 고민하였던 학파라고 생각됩니다. 민족과 인간과 진리에 대한 믿음을 이 강화학의 사람들만큼 굳건히 견지한 사람들도 없을 것입니다.

'곤륜산을 타고 흘러내린 차거운 물 사태(沙汰)가 사막 한가운데인 염택(鹽澤)에서 지하로 자취를 감추고 지하로 잠류하기 또 몇 천리, 청해에 이르러 그 모습을 다시 지표로 드러내서 장장 8천 8백리 황하를 이룬다.'

이 이야기는 강화학을 이은 위당(爲堂) 정인보(鄭寅普) 선생이 해방 직후 연희대학에서 가진 백범을 비롯한 임정요인의 환영식에서 소개한 한대(漢代) 장건(張騫)의 시적 구상으로서 널리 알려져 있지는 않지만 강화학에 관심이 있는 사람들에게는 지금도 큰 감동으로 남아 있습니다. 강화로 찾아든 학자 문인들이 하일리의 노을을 바라보며 생각하였던 것이 바로 이 황하의 긴 잠류였으며 일몰에서 일출을 읽는 내일에 대한 확신이었으리라고 생각됩니다. 황하의 오랜 잠류를 견딜 수 있는 공고한 신념, 그리고 일몰에서 일출을 읽을 수 있는 열린 정신이 바로 지식인의 참된 자세인지도 모릅니다. 강화에는 참된 지식인의 자세를 묻는 준엄한 사표가 곳곳에서 우리를 질타하고 있습니다. 사기(沙磯) 이시원(李是遠)이 병인양요를 맞아 자결한 곳도 이곳이고, 1910년 나라의 치욕을 통분하여 매천(梅泉) 황현(黃玹)이 '지식인이 되기가 참으로 어렵다(難作人間識字人)'란 그 유명한 절명시를 남기고 자결한 곳도 이곳입니다. 가난한 어부들에 대한 애정과 나라의 치욕을 대신 짊어지려는 헌신과 대의로 그 길고 곤궁한 세월을 견디어 내며 박실자연(朴實自然)의 삶을 지향하였던 그들의 고뇌가 곳곳에 묻혀 있습니다. … 려한구대가(麗韓九大家)의 한 사람으로 꼽히며 당대의 가장 냉철한 지식이었던 영재(寧齋) 이건창(李建昌)의 묘소에는 어린 염소 한 마리만 애잔한 울음으로 나를 바라볼 뿐이었고 만주로 떠나는 독립지사들의 성지였던 계명의숙(啓明義塾) 터는 곡식도 없는 텃밭으로 묵어 있다."; 신영복, 『나무야 나무야』 서울, 돌베개, 1997 발췌.

2) 박연수, 『하곡 정제두의 사상』 서울, 한국학술정보(주), 2007 참조.

3) "초대교인들은 회당(synagogues) 이나 가정집 혹은 공회당(public basilicas)에서 예배를 드렸다"; Richard H. Ritter, *The Arts of the Church*, Boston, The Pilgrim Press, 1947, 30.: "유대인들은 집에서 '쉐마'와 같은 기도서를 사용하다가 후에 회당으로 옮겨 예배드렸다." : Richard Giles, *Re-Pitching the Tent*, Norwich, The Canterbury Press, 1966, 27.: "초대교회 교인들은 마을 교회 신자 중의 부유한 교인 집에 모여서 자주 예배를 드렸다." : Donald Whittle, *Christianity and the Arts*, London, A. R. Mowbray & Co., 1966, 37.

4) Copies of Letters received, *summary list*, 86, Vol. 1. 1890. 10. 1. Oxford, Rhodes House Library, USPG Archives.

5) 마지막으로 건축된 한옥식 성공회성당은 1936년에 설립된 서울교구 천리(용인)교회이다.

6) 이정구, "한국교회 건축양식에 관한 신학적 반성", 『신학사상』, 108, (서울: 한국신학연구소, 2000), 95-96.

7) C. J. Corfe, *The English Church Mission in Korea*, (London, Rivingtons, 1906), 'introduction'과 Mark Napier Trollope, *The Church in Korea*, London, A. R. Mowbray & Co. Ltd., 1915, 35-36.

8) Trollope, *The Church in Korea*, 30-31과 "Copies of Letters received, summary list", 86, vol. 1, 1890. 10. 1. USPG Archives, Oxford: Rhodes House Library. Trollope, "The Church of England Mission in Korea and The Province of Shingking in Manchuria", Korean Repository, Vol. 5, No. 12. (Trilingnal Press), 471.

9) 500여 명에서 수천 명으로 증가했다고 기록하고 있다.; Corfe, *The English Church Mission in Korea: Its Faith and Practice*, London, A. R. Mowbray & Co. Ltd., 1917, 16.

10) 『종고 성교회 월보』, (1909. 2). 3.

11) 최창조, 『한국의 풍수사상』, 서울, 민음사, 1995, 153 참조할 것; 좌(坐)는 터로써 혈(穴)의 뒤이며 향(向)은 혈의 앞을 말한다. 자(子)와 오(午)는 방향으로써 각각 북(北)과 남(南)을 의미한다.

12) 이중환, 이익성 역, 『택리지』, 서울, 을유문화사, 1996, 218.

13) C.J. Corfe, "The Bishop's letter", Morning Calm, No. 87, Vol. 12. (Feb. 1901). 2.

14) 김옥룡 대표집필, 『대한성공회 강화선교백년사 1893-1993』, 서울, 대한성공회강화선교 100주년 기념사업위원회, 대한성공회출판부, 1993, 245.

15) "Introduction to the Study of Korean Buddhism", *The Transaction, the Korean Branch of the Royal Asiatic Society*, Vol. 8, 1917.

16) 예를 들면 연꽃 모양의 지붕 십자가(혹은 물고기 두 마리가 교차한 형상)와 강화성당의 배너에 그려져 있는 바울을 상징하는 열쇠의 모양이 무당이 사용하는 방울과 절 마크 형태로 되어 있다. 그러나 이러한 교회의 상징적인 요소들이 트롤로프의 제안으로 제작된 것인지도 불명확하다. 한옥식 건축뿐만이 아니라 이러한 장식을 통해 강화성당의 토착화를 주장하기도 한다.

17) "트롤로프 신부는 건축재를 서울에서 구하지 못하여 신의주까지 가서 백두산 원시림에서 생산한 적송을 구하여 뗏목으로 강화까지 운반하였다. 목수일은 1900년 이른 봄부터 시작되었는데 도목수는 경복궁 신축 때의 도편수라고만 전해질 뿐 인명은 알 수 없다. 조역한 사람들은 강화 사람들이었다. 석공은 인천에서 온 중국인이 담장기단과 성당 내 석물을 담당하였고 기타 미장 담장은 강화 사람들이 담당하였다. 성당 규모는 10간 남북 4간 총 40간이며 중간 18간은 고주를 세워 중층을 이루며 이를 4방으로 1간씩 22간을 1층으로 배치한 간략한 익공식 건물이다. 건축재는 견고함을 위주로 하여 고주는 4방 1척, 보는 1.5척의 큰 재목을 사용했으며 평주 22개와 퇴보, 도리, 중층의 보, 도리 등은 전부 4방 8치 재목을 사용하여 육중하고 안정감을 주고 있다. 외형은 전통 고층건물에 의례 원용하는 홍포를 배제하고 부연만 올리어서 단조로우면서도 경건한 외양을 강조하였다. 기와는 강화산을 올렸으며 모든 석재도 강화산이다. 특히 제대와 세례대는 건평산 석재를 사용했다. 내부구조는 고주를 세운 중층 18간에는 동쪽 6간은 성소이며 나머지 12간은 회중석을 배치하고 좌우에는 통로가 있는 바실리카식이다."; 김옥룡, 위의 책, 141.

18) 김안기, 『한국전통사상연구』, 서울, 대한성공회출판부, 1986, 117-122.

19) 許眞, 『設文解字注』, Vol. 1, part. 1, 서울, 한영문화사업공사, 3.

20) 『詳設古文眞寶大全』, Vol. 10 Part. 25, 서울: 복영문화사.

21) 홍순명, "한국 개신교 교회 건축의 유형 변천에 관한 연구", 서울시립대학교 건축학과 박사학위 논문, 1990, 151; 김정신, 『한국 가톨릭성당 건축사』, 서울: 한국교회사연구소, 1994, 55.

22) 초기 영국 선교사들이 한글로 출판한 성공회 교리에 관한 교육서적 『聖敎講論』을 참조할 것.

23) 박연수, 위의 책, 102-04, 270.

24) 성공회주의가 표방하는 것은 "성서, 전통, 이성"이며 어느 한 교리에 치우치지 아니하는 중도성과 포용성을 지향한다.

다시 교회건축을 말한다

1) Gio Ponti, *In Praise of Architecture*, 김원 역, 『건축예찬』, 서울, 열화당, 1993, 258.

2) *Ibid.*, p. 261.

3) C. Norberg Schulz, *Meaning in Western Architecture*, 정영수·윤재희 역, 서울, 세진사, 1997, 432.

4) Umberto Eco, *Art and Beauty; in the Middle Ages*, Yale University Press, 1986, 6-7.

5) *Ibid.*, 36-38.

6) Margaret R. Miles, Image as Insight: *Visual Understanding in Western Christianity and Secular Culture*, Boston, Beacon Press, 1985, 152.

7) 시각적인 이미지만 우상이 될 수 있는 것이 아니다. 예를 들어 '하나님은 사랑이시다'라고 한다면, 무한하신 하나님을 사랑이라는 범주로 제한하게 됨으로써 이것 또한 우상의 범주를 피할 수 없게 된다는 의미이다. Theodore Ziolkowski, *Disenchanted Images: A Literary Iconology*, Princeton, Princeton University Press, 1977.

8) 사회공산 국가와 선거용 프로파간다 포스터가 그 대표적인 이미지 조작물이 될 것이다. 또 황제가 정치적으로 예수 이미지를 이용하여 자신의 이미지를 조작한 대표적인 것으로서는 6세기 유스티니아누스 황제가 자신의 군인과 관료, 여인과 사제들, 모두 열두 명과 함께 중앙에 서서, 자신을 예수와 동격화시켜 묘사한 라베나(Ravenna)의 성 비탈레(San Vitale) 성당 후진(apse frame)에 있는 모자이크를 꼽을 수 있다. 자본주의 사회에서의

상업 포스터, 사진의 허구성을 이용한 신문의 진위왜곡 등은 누구나 알고 있는 이미지 횡포의 대표적인 사례다.

9) David Freedberg, *The Power of Images: Studies in the History and Theory of Response*, Chicago, The University of Chicago Press, 1991.

10) Andrea Oppenheimer Dean, *Bruno Zevi on Modern Architecture*, 김란기 역, 『브루노 제비 근대건축비평』, 서울, 대건사, 1993, 251.

11) Rosemary Radford Ruether, *Gaia & God; An Ecofeminist Theology of Earth Healing*, 전현식 역, 『가이아와 하느님』, 서울, 이화여대출판부, 2000.
Celia Deane-Drummond, *A Handbook in Theology and Ecology*, SCM Press, 1996.
Rebecca S. Chopp and Sheila Greeve Davaney (eds.), *Horizons in Feminist Theology; Identity, Tradition, and Norms*, Augusburg Fortress, 1997.

후주 - 3부

성 화상 신학

1) 필자의 서가에서 볼 수 있는 것만으로도 다음과 같은 서적들이 있다. Andre Grabar, *Christian Iconography; A Study of Its Origins*, Princeton University Press, 1968; Ernst Kitzinger, *The Art of Byzantium and The Medieval West*, Indiana University Press, 1976; Leonid Ouspensky and Vladimir Lossky, *The Meaning of Icons*, St. Vladimir Seminary Press, 1983; Georgy Pattison, Art, *Modernity and Faith; Restoring the Image*, SCM Press Ltd., 1991; Margaret R. Miles, *Image as Insight; Visual Understanding in Western Christianity and Secular Culture*, Boston, Beacon Press, 1985; Robin Cormack, *Painting the Soul; Icons, Death Masks and Shrouds*, London, Reaktion Books, 1997; Gennadios Limouris, Icons; *Windows on Eternity; Theology and Spirituality in Colour*, Geneva, WCC Publications, 1990; F. Ernest Johnson (ed.), *Religious Symbolism*, Harper & Brothers, 1955; Anton Wessels, *Images of Jesus; How jesus is Perceived and Portrayed in Non-European Cultures*, Michigan, WM. 1990B. Eerdmans Publishing Co.; Diane Apostolos-Cappadona(ed.), *Art, Creativity, and the Sacred, N.Y., Crossroad*, 1984,; Peter and Linda Murray, The Oxford Companion to Christian Art and Architecture, Oxford, 1998.; Timothy Gregory Verdon(ed.), Monasticism and the Arts, Syracuse University press, 1984. 그리고 최근 현대의 이코노클래즘에 관한 것으로서는 Bruno Latour and Peter Weibel(eds.,), *Iconoclash; Beyond the Image Wars in Science, Religion, and Art*, The MIT Press, 2002; 그 밖에

성당 모자이크에 관한 신학서적으로써는 Eve Borsook, *Message in Mosaic*, Oxford, Clarendon Press, 1990; Otto Demus, *The Mosaics of Norman Sicily*, London, Routledge & Kegan Paul Ltd., 1949 등 외에 *Bible in Art, The Life of Christ in Art*와 같은 그림서적이 있다. 아직 국내에서는 이 분야 연구가 활발하지 않아 번역서조차 빈곤한 상황인 것에 반해, 불교의 탱화에 관한 연구는 상당히 많은 논문이 출간되고 있어 퍽 대조적이다.

2) 특이하다 함은 가톨릭교회와 개신교회를 포함해서 현재 사용하고 있는 성 화상의 미적인 수준도 그렇거니와 적절치 못한 장소와 벽에 장식용으로 걸려 있거나 매달려 있는 키치(kitsch) 형태의 조잡스러운 이미지들을 말한다.

3) 심미적 이성이라는 용어의 출현은 그 시기와 출처가 정확하지 않지만 서양의 미학에서는 'aesthetic reason'에 관한 알란 싱어(Alan Singer)의 책과 아도르노(Adorno)의 심미적 이성에 논박하는 변증법적인 논문이 있다. 국내에서 심미적 이성에 관한 담론으로는 문학평론가 김우창에 의해 거론된 바 있다.

4) 칸트, 이석윤 역, 『판단력 비판』, 서울, 박영사, 1974, 195.

5) Frank Burch Brown, *Religious Aesthetics; A Theological Study of Making and meaning*, Princeton, Princeton University Press, 1989, 42; 리차드 빌라데서, 손호연 역, 47 인용.

6) 다음은 허클베리 핀과 도망 중에 있는 노예 짐이 뗏목을 타고 미시시피 강을 떠내려 오면서 달과 별을 바라보고는 유래에 대해서 생각하는 장면이다; "뗏목에서 사는 것은 멋있다. 하늘이 높게 있고, 별들이 점점이 박혀 있다. 그리고 우리는 등을 맞대고 그것들을 바라보고 그것들이 만들어진 것인지 다만 우연히 나타난 것인지에 의논했지. 짐은 그것들이 만들어졌다고 하고, 나는 그것들은 우연히 생겼다고 우겼다. 별들이 그렇게 많이 만들어지기에는 너무 오래 걸릴 것 같다고 생각했다. 짐은 달이 그것들을 낳는다고 말했다. 그것이 어느 정도는 일리가 있는 것이라고 나는 생각했다. 그래서 그것에 반대하는 아무런 얘기도 하지 않았다. 왜냐하면 한 마리의 개구리가 알을 아주 많이 낳는 것을 보았기 때문에 그것도 그럴 것 같았다. 우리는 별들이 떨어지고, 그것들이 한 줄로 이어지는 것을 보았다. 짐은 그것들이 못쓰게 되어 그 보금자리에서부터 떨어져 나간다고 말했다."; Melvin Rader, Bertram Jessup, *Art and Human Values*, 김광명 역, 『예술과 인간가치』, 서울, 이론과 실천, 1992, 242-43.

7) 팀파눔의 최후의 심판은 구약에서의 '계약'의 의미. 계약 당사자 앞에서 '동물을 살해하여 피를 보게 하는' 것처럼 계약을 위반할 경우 이처럼 된다는 위협의 의미가 담겨 있는 것과 유사하다.

8) Norman Bryson, 신지영 역, "담론, 형상", 윤난지 엮음, 『모더니즘 이후, 미술의 화

두』, 서울, 눈빛, 1999, 320-21.

9) Regis Debray, *Vie et mort de l' image*, 정진국 역, 『이미지의 삶과 죽음』, 서울, 시각과 언어, 1994, 108.

10) Ibid., 108; "서구에서는 군중들이 동요를 할 때마다 어디서나, 행렬과 시위모임 등에서 성자의 성 화상 혹은 우두머리의 초상, 예수 그리스도 혹은 칼 마르크스를 앞세운다."

11) Athanasius the Great, Oratorio de incarnatione Veerbi(PG25. 120CD); Leonid Ouspensky, *Theology of the Icon*, Vol. 1. N.Y., St. Vladimir's Seminary Press, 1992, 155.

12) '보편적인 교회는 회화를 통해 그리스도의 인성을 표현하지만 그것이 그의 육체를 신성으로부터 분리시키는 것은 아니다 … 성상 속에서 단지 원형을 닮은 모습을 표현하는 하나의 형상만을 인지한다. 이런 까닭으로 성상은 그 원형의 이름을 받으며 그것은 오로지 원형의 모습에 참여하기 때문에 거룩하며 존경을 받게 된다.'; Ibid., 161.

13) 도정일, "이미지시대의 이미지", 『영상문화』, 2000년 창간호, 서울, 생각의 나무, 9-10.

14) 도정일, 성완경, "머리글", 『이미지는 어떻게 살고 있는가』, 서울, 생각의 나무, 1999, 13-14.

15) 그리스 아테네 신은 여신으로서 국가 신이었다. 이것은 가부장제에서 여성성이 정치적으로 이용하기 위한 산물일 수도 있다. 그리스 최초의 우주를 생성한 신도 여신이었으나 후에 그리스 철학자들까지 합세하여 남신인 제우스로 탈바꿈한다. 프랑스의 국가이미지도 왕국은 남성, 왕정과 공화정은 여성 이미지이다. 특히 공화정을 여성 이미지로 선택한 가장 큰 이유는 왕당파들이 의도적으로 공화정 정치를 개탄하기 위해서였던 것은 잘 알려진 정치 이미지다.

16) 어느 비잔틴 교회 제단에는 12등신 예수상도 안치되었다. 불교 사찰에 안치되어 있는 불상은 대체로 4등신을 넘지 않음에도 불구하고 시각적으로 그 불상을 기형으로 인식하지 않는 것은 종교적 대상물이 종교성으로 인해 그 물성을 포기하기 때문이다.

17) Camille Paglia, *Sexual Personae*, Yale University, 1990, 이종인 역, 『성의 페르소나』, 서울, 예경, 2003, 43.

18) Moshe Barasch, *Icon; Studies in the History of an Idea*, N. Y., New York University Press, 1995, 97.

19) 이미지에 관한 초대교부들의 사상에 관해서는 Moshe Barasch, *Icon; Studies in the*

*History of an Idea*에서 'Early Christian Apologists', 그 사상사에 관해서는 Alain Besancon, Jane Marie Todd(trs.), *The Forbidden Image; Intellectual History of Iconoclasm*, Chicago, Chicago University Press, 2000을 참고할 것.

20) 그레고리 교황은 '교회에서 아이콘은 문맹자를 위한 것이다. 그들은 걸으면서 책으로 읽을 수 없었던 것을 읽는 것이다. 아이콘은 보존하여야 한다. 단지 그것을 예배해서는 안된다' ; Gregorius the Great, Epistolarum liber 9.; 김산춘, "이콘의 신학", 『미술사학보: 미술과 종교』, 제20집, 미술사학연구회, 2003. 8월호, p. 7. 인용. 쌩 드니(St. Denis)의 슈제(Suger)는 '신의 집은 아름다운 것으로 가득 채워야 하며, 성서를 통해 파악할 수 없는 것은 그림을 통해 가르쳐야 한다고 했다.' ; Umberto Eco, *Art and Beauty; in the Middle Ages*, Yale University Press, 1986, 6-7.

21) 그리스어를 사용하는 그리스인들은 종교적 형상에 관해 취미를 물려받았다. 성 화상에 관해 호의적이었다. 비그리스어 사용권의 동방 그리스도교인들은 대부분 단성론자(monophysites)들로서 성 화상 파괴를 주도했던 황제들이 비그리스어권 출신이라는 점이다. 성 화상 숭배 반대파(성상파괴주의자)들은 단성론보다는 오히려 물질을 부정하는 신플라톤주의와 오리게네스주의의 영향을 받아 이미지가 신의 원형에 접근하는 수단일 뿐 결코 신 자신의 주거는 될 수 없다고 주장하였다. 최초 성상파괴주의자 황제였던 레오 3세(717-41)의 신학적 고문들이 모두 오리게네스주의자였다.; 김산춘, "이콘의 신학", 6. 주 3); Meyendorff, J., *Byzantine Theology*, N. Y., 1983, 42-43을 인용.

22) 성화상 논쟁에 관한 문헌으로는 이정구, 「성상 숭배논쟁에 관한 역사적 연구」, 한신대 대학원 석사 논문, 1984과 김산춘, "이콘의 신학", 참조.

23) Carl C. Christensen, *Art and the Reformation in Germany*, Ohio University Press, 1979 참조.

24) 이 논문에서는 다루지 않겠지만 이미지와 신학과의 관계성 연구를 한 이론 몇 가지를 간단히 소개할 수 있다. 발드윈 스미스(Baldwin Smith)는 형태나 이미지가 있은 후에 사상이 뒤따른다고 주장하며, 허버트 리드(Herbert Read)도 인간의식 발전에 있어서 이미지가 사상에 선행한다고 했다. 도상학자 파노프스키(Erwin Panofsky)는 이미지와 사상이 함께 발전한다는 것을 중세 스콜라신학과 고딕성당의 축조관계를 통해 증명하고자 했다. 그리스도의 도상 변천과 신학에서의 기독론(Christology)의 변천과정을 살펴보면 이 둘의 관계를 가늠할 수 있을 것이다. 그러나 이 연구는 섬세한 관찰력과 해박한 도상 해석학적 지식 및 기독론 지식을 요구하는 방대한 해석학적인 작업이다. 최근 탈식민주의와 페미니즘, 제3세계의 시각은 기독교 전통적인 서구적 신의 이미지를 해체하고 자신들의 고유한 문화 안에서 체험된 그리스도 이미지를 새롭게 창출하고 있음에 주목할 필요가 있다.

25) Karl Jaspers, Jean T. Wilde, William Kluback and Walter Kimmel (trs.), *Truth and Symbol*, Twayne Publishers, 1959, 60.

26) 대표적인 작가로서 Komar and Melamid의 작품 '사회주의적 사실주의의 기원', 1982-83, 183×122, 로널드와 프레이다 펠드먼 콜렉션, 그리고 러시아 작가 Kasimir Malevich(1878-1935)의 거의 모든 작품을 들 수 있다.

27) 지오 폰티, 김원 역, 『건축예찬』, 서울, 열화당, 1993, 263.

28) K. Harries, 오병남, 최연희 역, 『현대미술; 그 철학적 의미』, 서울, 서광사, 1988, 32.

29) Diane Ackerman, *A Natural History of the Senses*, 백영미 역, 『감각의 박물학』, 서울, 작가정신, 2004, 426.; 예를 들면 랭보의 '모음들' 시에서 A를 검은 코르셋으로 표현한 것이나 디즈니의 판타지아, 이미 1893년 공감각으로 느끼는 소리음의 색들이 빛으로 보여주는 장치를 오르간에 연결하여 영국의 Alexander Rimington이 개발한 소리를 색으로 전환하는 colour organ을 들 수 있다. 미술과 음악에 대해 가장 최신으로는 Wassily Kandinsky가 색깔과 소리를 관련한 많은 책을 출간했는데, 소리파동에 의해 crystal 알갱이들의 움직임을 보면 그것들이 특정한 모양을 만든다고 하며, 이러한 모양(pattern & shape)을 조화와 비조화로 이야기한 연구들이 있다.

30) Naoko Tosa, "Expression of Emotion, Unconsciousness and Technology", 2002. 12. 20. Seoul Art Center Nabi. 강연.

31) 전통적인 영화는 일방적으로 관객들에게 상상의 세계(사이버 공간)와 그 안에서 전개되는 이야기를 전달하는 고정적인 형태를 띤다. 그러나 상호작용 테크놀로지를 도입함으로써, 관객은 그 자신이 영화의 주요인물로 등장하여 사이버 공간에서 독자적으로 이야기를 체험할 수 있다.

32) Paul Evdokimov, Fr. Steven Bingham(trs.), *The Art of the Icon; a Theology of Beauty*, Califonia, Oakwood Publications, 1990.

33) Roger Hazelton, *A Theological Approach to Art*, Abingdon Press, 1967.

34) 서성록, 『미술관에서 만난 하나님』, 서울, 예영, 2003, 17-21.

35) 글쓰기 방식이란 기존의 논문 형식을 넘어 주해를 붙인다 할지라도 수필, 시, 에세이 일기와 같이 소위 '심미적 이성'이라는 감성적이며 이성적인 것이 혼재해 있는 미적인 글쓰기를 말함에 다름 아니다.

36) Melvin Rader, op. cit., 271.

37) 이 책은 오늘까지 필자의 전례학 강의에 성공회 신학전문대학원생의 필독서로 읽히고 있다.

38) 정양모 신부의 성서학교실은 다양한 시청각 매체 이용과 성지순례의 풍부한 경험을 통한 교육으로서 학생들에게 성서에 대한 친밀감과 상상력을 자극하는 흥미로운 시간이다. 미학적 신학이란 하나의 방법론으로서 이렇게 교실을 통해서도 이론과 실천을 동시에 할 수 있는 장르이다.

39) 국내의 그리스도교 미술의 토착화에 관한 주목할 만한 논문으로는 최효준, "기독교 토착화 관련 성화도상 구현의 의의: 20세기 전반 동북아시아 지역을 중심으로", 미술사학연구회, 『미술사학보』, 제18집, 127-49을 참고.

40) 김기창(운보)의 작품을 꼽을 정도이나 이것도 토착화 논쟁의 여지는 있는 작품이다. 오히려 그리스도교 국가가 아닌 중국과 일본에서 좋은 그리스도교 성화를 찾아볼 수 있는 것이 아니러니하다. 이들 국가는 이미 작가와 학자들과의 연대로 이미지 토착화에 관한 연구가 지속되고 있다. 일본의 대표적인 작가로서는 와타나베를 들 수 있다.; Hans-Ruedi Weber, *Immanuel; The Coming of Jesus in Art and the Bible*, WCC, 1984에는 각국의 토착화 이미지 작품을 신학적으로 소개하고 있다.

한국 현대 기독교 미술과 옥션

1) 교회사에서 성 화상 논쟁에 관한 괄목할만한 논쟁은 약 5회 정도 꼽을 수 있는데 회의 때마다 성 화상 경배에 대한 찬성과 반대가 번갈아 가며 결정되었다. 1) 726년 레오 3세의 칙령(반대, 파괴), 2) 769년 라테란 회의(찬성, 경배), 3) 787년 제2차 니케아 회의(제한적 경배), 4) 815년 콘스탄티노플 성 소피아 성당회의(반대, 파괴), 5) 825년 파리회의(찬성, 경배); 김산춘, "이콘의 신학: 제1차 비잔틴 이코노클라즘을 중심으로", 미술사학연구회, 『미술사학보』, 제 20집, 2003. 8.

2) Carl C. Christensen, *Art and the Reformation in Germany*, Athens, Ohio University Press, 1979, chap. 2; Luther's Theology and Religious Art.

3) 최근 감리교신학대학교는 밀짚광배예수를 제작한 조각가 김병화의 14처 조각 작품 중 일부 작품을 교내에 설치한바 있다. 한신대학교 수유리 캠퍼스 본관 복도에서 성 화상 작품을 전시한바 있다. 아직은 교육기관에 국한하고 있지만 사랑의 교회는 안성수양관에 화랑을 마련하여 종교화 전시회를 개최하기도 한다.

4) 이정구, 『사회와 시각문화』, 서울, 엘까미노, 2005에 기독교와 이미지에 관련된 다수의 논문이 실려 있음.

5) 한국 가톨릭 미술은 종전 이 후 1950년대에 장발의 주도 아래 서울에서 두 차례의 성 미술전을 개최하였고 1959년에는 한국 미술인들에 의한 최초의 성당인 혜화동 성당이 건축되었다. 10년 공백 후 1970년에 이순석 김세중 등이 주도하여 서울 가톨릭미술가회가 창립되었다. 1984년에는 국립현대미술관에서 국제현대종교미술전인 '영원의 모습'을 기

획, 주관하여 바티칸을 비롯한 프랑스, 독일 등지의 박물관 소장품이 전시되었다.; 최종태, "한국 가톨릭 미술 50년의 발자취" 부분, 한국가톨릭미술가협회『새날 새삶 대희년 미술전 도록집』, 서울, 한가람미술관, 200. 2. 11-21.

6) 기독교 예술과 교회 예술에 관한 경계는 리처드 H. 리터, "기독교 예술과 교회 예술", 김문환 편역,『20세기 기독교와 예술』, 서울, 대한기독교서회, 1974를 참고할 것.

7) 채수일 번역,『기독교 사상』2007년 5월호에 이 책에 관한 필자의 서평이 실려 있다.

8) 대표적으로 영국의 옥스퍼드대학과 미국의 시카고 대학은 일찍이 종교와 예술 연구소를 상설로 설치하고 연구서를 출간하고 있다.

9) 쟈끄 마리땡, 김태관 역,『시와 미와 창조적 직관』, 서울, 성 바오로출판사, 1982.

10) 아브라함 몰르, 엄광현 역,『키치란 무엇인가?』, 서울, 시각과 언어, 1995.; 키치용어는 남부 독일에서 '긁어모으다 아무렇게 주워 모으다' 라는 의미로 사용되던 말이며, 생산된 조악한 물건을 의미한다. 여기에서는 키치를 '이발소 그림' 같은 싸구려 미술품, 조화롭지 못한 저급한 미술품의 의미로 사용한다.

11) 크리스토퍼 히버트, 한은경 역,『메디치 가 이야기』, 서울, 생각의 나무, 2001 참고.

12) 김주한, "마르틴 루터 신학에서 공공성의 가치", 한국교회사학회보, 서울, 한국교회사학회, 2006 제19집, 82-83.

13) 손규태,『개신교윤리사상사』, 서울, 대한기독교서회, 1998, 72; 우리가 다만 우리의 직업에 복종하면 어떤 일을 하든지 천대를 받지 않으며 하느님 앞에서 경히 여김을 당하지 않는다.

14) 이득재,『가족주의는 야만이다』, 서울, 소나무, 2001, 182,

15) Baldwin Smith, *The Dome*, Princeton University Press, 1959, 5와 Herbert Read, *Icon and Idea*, London, faber and Faber limited, 5

16) 국내에서는 '심미적 이성' 이 고려대 김우창 교수에 의해 문학계에서 회자된 바 있다.

한국교회 건축의 과거, 현재, 미래

Alan Crawford(ed.). 1984. By Hammer and Hand: *The Arts and Crafts Movement in Birmingham*, Birmingham Museums and Art Gallery.

Ando, Tadao, *Church on the Water, Church of the Light*, London, Phaidon Press Ltd., 1996.

Arif Dirlik, *The Postcolonial Aura: Third World Criticism in the Age of Global Capitalism*, Westview Press, 1997.

The Birmingham Guild of Handicraft: "Register of Members", Birmingham Central Library.

Davies, J.G., *Temples, Churches and Mosques*, Oxford, Basil Blackwell, 1982.

Dillenberger, John (eds.), *Paul Tillich: On Art and Architecture*, N.Y., Crossroad Publishing Co., 1989.

Ferguson, George, *Signs & Symbols in Christian Art*, Oxford University Press, 1966.

Gombrich, E. H., *The History of Art*, London, Phaidon, 1972.

Hammond, Peter, *Towards a Church Architecture*, London, The Architectural Press, 1962.

Mauck, Marchita, *Shaping a House for the Church*, Liturgy Training Publications, Chicago, 1990,

Mcfague, Sallie, *Imaging a Theology of Nature: The World as God's Body*, in Liberating Life, Orbis, 1990.

Micks, Marianne H., *The Phenomenon of Christian Worship; the Future Present*, New York, The Seabury Press, 1970.

Nalbantoglu, G.B. and Wong, C.T. (eds.), *postcolonial space(s)*, New York, Princeton Architectural Press, 1997.

Panofsky, Erwin. *Gothic: Architectural and Scholasticism: An Inquiry into the Anology of the Arts, Philosophy, and Religion in the Middle Ages*, New York, Meridian Books, The World Publishing Company, 1971

Pevsner, Nikolaus "William Morris and Architecture", in *Studies in Art, Architecture and Design*, Vo. 2.; Victorian and After, London, Thames and Hudson, 1969

Read, Herbert, *Icon and Idea ; The Function of Art in the Development of Human Consciousness*, London, Faber and Faber Limited, 1955.

Risebero, Bill, *The Story of Western Architecture*, London, Herbert Press, 1997

Ruskin, John, *The Nature of Gothic*, London, George Allen & Unwin Ltd., 1932.

Tillich, Paul, Theology and symbolism in F.E. Johnson (ed.), *Religious Symbolism*, London, 1955.

Trollope, Constance, *Mark Napier Trollope: Bishop in Korea 1911-1930*, London: Society for Promoting Christian Knowledge. 1936.

Unwin, Simon, *Analysing Architecture*, London, Routledge, 1997.

Watkin, David, *Morality and Architecture*, Chicago, The University of Chicago Press, 1977.

"京城敎會會報". 1914. 7. No. 69. 朝鮮聖公會月報
김정신, 『한국 가톨릭성당 건축사』, 서울, 한국교회사연구소, 1994.
『대한크리스도인회보』, 제1권 48호, p. 2. Annual Meeting of the Korea Mission of the M.E.C., 1898.
명동천주교회, 『명동천주교회 200년사 제2집』; 『명동성당건축사』, 명동천주교회 편, 서울, 한국교회사연구소, 1988.
H. G. Underwood's letter, 1910. 1. 6. 윤경로, 『새문안교회 100년사』, 1995.
양인성, "백주교윤음", 한국교회사연구소, 『교회와 역사』, 2006.
이정구, "한국교회 건축 양식에 관한 신학적 반성", 『신학사상』, 서울, 한국신학연구소, 108호, 2000년 봄호.
이정구, 『이정구 신부의 그림 없는 교회이야기』, 서울, 도서출판 에이포미디어, 2005.
이정구, 곽테오도르, 『사회와 시각문화』, 서울, 엘까미노, 2005.
장동하, "개항기 교회 재건 운동과 선교정책", 근현대 한국 가톨릭 연구단, 『한국 근현대 100년 속의 가톨릭교회(상)』, 서울, 가톨릭 출판사, 2003.
宗古聖敎會月報, No.63, 1914년 3월호.
최석우, 『한국천주교회의 역사』, 서울, 한국교회사연구소, 1984, 한스 큉, 배국원 역, 가톨릭교회, 서울, 을유문화사, 2003.
최창조, 『한국의 자생풍수 1권』, 서울, 민음사, 1997.

강화도 유학과 성공회 강화교회 건축

김안기, 『한국전통사상연구』, 서울, 대한성공회출판부, 1986.
김옥룡 대표집필, 『대한성공회 강화선교백년사 1893-1993』, 서울, 대한성공회강화선교 100주년 기념사업위원회, 대한성공회출판부, 1993.
금장태, 『유교사상과 종교문화』, 서울, 서울대학교 출판부, 1994.
박연수, 『하곡 정제두의 사상』, 서울, 한국학술정보(주), 2007.
신영복, 『나무야 나무야』, 서울, 돌베개, 1997.
『신학사상』, 108 (2000), 서울, 한국신학연구소
이덕주, 『개화와 선교의 요람 정동이야기』, 서울, 대한기독교서회, 2002.
이중환·이익성 역, 『택리지』, 서울, 을유문화사, 1996.
『종고 성교회 월보』, 1909. 2.
주교 통신, 『조선 성공회보』, No. 58. 1922. 10.
최창조, 『한국의 풍수사상』, 서울, 민음사, 1995.
許眞, 『說文解字注』, 서울, 한영문화사업공사, Vol. 1, part 1.
홍순명, "한국 개신교 교회건축의 유형 변천에 관한 연구", (서울시립대학교 건축학과 박사학위 논문, 1990)

Copies of Letters received, summary list, 86, Vol. 1. 1890. 10. 1. Oxford, Rhodes House Library, USPG Archives.

Corfe, C. J., *The English Church Mission in Korea*, London: Rivingtons, 1906.

Corfe, C. J., *The English Church Mission in Korea: Its Faith and Practice*, London: A. R. Mowbray & Co. Ltd., 1917Mark Napier Trollope, The Church in Korea, London: A. R. Mowbray & Co. Ltd., 1915.

Corfe, C. J., "The Bishop' s letter", *Morning Calm*, No.87, Vol. 12. Feb.1901.

"Copies of Letters received, summary list" 86, vol. 1, 1890. 10. 1. USPG Archives, Oxford: Rhodes House Library.

Copies of letters received, summary list. 86, vol. 1. 1892. 4. 27. Trollope, "The Church of England Mission in Korea and The Province of Shingking in Manchuria", Korean Repository, Vol. 5, No. 12. Trilingnal Press.

Ching Julia, *Confucianism and Christianity*. 임찬순·최효선 역, 『유교와 기독교』, 서울: 서광사. 1993.

Donald Whittle, *Christianity and the Arts*, London : A. R. Mowbray & Co., 1966.

"Introduction to the Study of Korean Buddhism", The Transaction, the Korean Branch of the Royal Asiatic Society, Vol. 8, 1917.

다시 교회 건축을 말한다

Chopp Rebecca S. and Davaney Sheila Greeve (eds.), *Horizons in Feminist Theology; Identity, Tradition, and Norms*, Augusburg Fortress, 1997.

Deane-Drummond Celia, *A Handbook in Theology and Ecology*, SCM Press, 1996.

Eco Umberto, *Art and Beauty; in the Middle Ages*, Yale University Press, 1986.

Freedberg David, *The Power of Images: Studies in the History and Theory of Response*. Chicago, The University of Chicago Press, 1991.

Miles Margaret R. *Image as Insight : Visual Understanding in Western Christianity and Secular Culture*. Boston, Beacon Press, 1985.

Ponti Gio, *In Praise of Architecture*, 김원 역, 『건축예찬』, 열화당, 1993.

Ruether Rosemary Radford, *Gaia & God; An Ecofeminist Theology of Earth Healing*. 전현식 역, 『가이아와 하느님』, 이화여대 출판부, 2000.

Rykwert Joseph, *Church Building*. London, Burns & Oates, 1966.

Schulz C. Norberg, *Meaning in Western Architecture*, 정영수·윤재희 역, 서울, 세진사, 1997.

Ziolkowski Theodore. *Disenchanted Images: A Literary Iconology*, Princeton, Princeton University Press, 1977.

박길용, "문화주창과 내셔널리즘 또는 프로포간다". 『월간 *Space*;》제36권 9호, 91-99.

이정구, "작은 미술관", 『월간 살림』, 2000, 1월-2001, 9월호 연재물, 한국신학연구소.

한국 현대 기독교 미술과 옥션

김문환 편역, 『20세기 기독교와 예술』, 서울, 대한기독교서회, 1974.
마리땡, 쟈끄, 김태관 역, 『시와 미와 창조적 직관』, 서울, 성 바오로출판사, 1982.
메넨, 오브리, 박은영 역, 『예술가와 돈』, 서울, 열대림, 2004.
몰르, 아브라함, 엄광현 역, 『키치란 무엇인가?』, 서울, 시각과 언어, 1995.
미술사학연구회, 『미술사학보』, 제20집, 2003. 8.
손규태, 『개신교윤리사상사』, 서울, 대한기독교서회, 1998.
순더마이어, 테오, 채수일 역, 『미술과 신학』, 서울, 한신대출판부, 2007.
이득재, 『가족주의는 야만이다』, 서울, 소나무, 2001.
이정구, 곽테오도르, 『사회와 시각문화』, 서울, 엘까미노, 2005.
윤영화, 『성(聖)과 현대미술』, 고신대학교출판부, 2003.
한국가톨릭미술가협회. 『새날 새삶 대희년 미술전 도록집』, 서울, 한가람미술관, 200. 2.
    11-21.
『한국교회사학회보』, 서울, 한국교회사학회, 2006 제19집
히버트, 크리스토퍼, 한은경 역, 『메디치 가 이야기』, 서울, 생각의 나무, 2001.
Christensen, Carl C. *Art and the Reformation in Germany*, Athens, Ohio University
    Press, 1979.
Read, Herbert. *Icon and Idea*, London, faber and Faber limited.

아시아의 종교문화(종교와 시각예술)

안네마리 쉼멜, 『이슬람의 이해』, 김영경 역, 외관, 분도출판사, 1999.
비드야 데헤자, 『인도 미술』, 이숙희 역, 서울, 한길아트, 2001.
벤자민 로울랜드, 『인도미술사-굽타시대까지』, 이주형 역, 서울, 예경, 1996.
『인도의 불교미술-인도국립박물관소장품전』, 책임편집 이주형, 한국국제교류재단,
    2006.
디트리히 제켈, 『불교미술』, 이주형 역, 서울, 예경, 2002.
아지트 무케르지, 『인도 종교미술』, 최병식 역, 서울, 동문선.
최병식, 『아시아미술의 재발견』, 서울, 동문선, 1991.
김영재, 『불교미술을 보는 눈』, 서울, 사계절, 2001.
로버트 어윈, 『이슬람 미술』, 황의갑 역, 서울, 예경, 2005.
조너선 블룸, 세일라 블레어, 『이슬람 미술』, 강주헌 역, 서울, 한길아트, 2003.
Lands & People, 1. 동아시아, 2. 동남아시아, 중앙교육연구원 번역편집, 1994.